Para los que venden y venderán.

"Un pintor es un hombre que pinta lo que vende. Un artista, en cambio, es un hombre que vende lo que pinta"

Pablo Picasso.

JOSÉ GORDO

DE UNA VIDA TRÁGICA A UNA VIDA MÁGICA

ÍNDICE

Lo que dicen acerca de este Libro

Ángel B., Emprendedor mediante Blogs y Redes Sociales en Español desde Japón

"Son técnicas directas, que van al grano y sin rodeos. Personalmente me enseñó que sin tener una licenciatura en ventas puedes considerarte el mejor vendedor del mundo y cómo hacer que los resultados lo muestren. Aprendí muchos trucos de ventas simples y complejos que jamás se me ocurrirían si no hubiese vivido las mismas experiencias que el autor."
María S. V., Influencer Vendedora de Electrodomésticos y Libros de Cocina, México

"¡Esta clase de libros debería de estudiarse en las universidades y preparatorias de ventas! Incluye ejemplos reales para conseguir las metas que uno se propone. Métodos comprobados para conseguir tus sueños."
Anna M., Conferencista de Ventas en Latino América

"Jamás me imaginé que la vida de un vendedor profesional puede llegar a alcanzar éstos niveles de control. Este libro me enseñó como eliminar prácticamente todas las objeciones que un cliente puede plantear. Me di cuenta que desperdicié una gran cantidad de contactos al no tratarlos como realmente deberían ser atendidos. Hoy terminé de leer el libro Y estoy seguro que desde mañana mis ventas se duplicarán o triplicarán."
Samuel A. Vendedor de seguros de A-Z, España

"Nunca he leído un libro parecido, donde los detalles no sólo son presentados, sino que también son explicados con ejemplos reales para poder ponerlos en práctica. Este libro hace que toda la teoría que aprendí en los costosos cursos de ventas queden prácticamente nulas, ya que los profesores jamás pusieron en práctica sus propias enseñanzas. Sigo a Jose en las redes sociales y me encanta como refleja lo que explica en este libro. Lo recomiendo al 100% para desarrollar tu madera de vendedor."

Jesús C. Programador y Blogguero, Perú

"Después de leer a Jose Gordo todas las dudas serán resueltas, cada punto explicado en este libro está creado para vendedores serios, que de verdad están dispuestos a tener una vida mágica y dejar a un lado las tragedias."
Romeo F. Director de Ventas en Chile.

"Nunca he visto tanta claridad en un libro. De una Vida Trágica a una Vida Mágica puede definirse con la siguiente frase: La manera correcta de vender está en este libro. Y es Jose Gordo quien nos lo muestra sin tapujos ni vueltas, dice las cosas tal y como son."
Tania E. Youtuber de Francia.

"He estado muchos años buscando un libro así, creí que nadie sería capaz de dar las claves que hacen que un vendedor tenga éxito y otro no. ¡Y entonces me encontré con este libro! Fue una sorpresa para mí que todas las dudas que he tenido acerca del seguimiento, como identificar a los clientes, estuvieran realmente en un libro. El libro que considero el definitivo de las ventas del Siglo XXI."
Jeremías I. Vendedor de Productos Multinivel.

"Encontrar este libro fue una salvación. Estaba a punto de abandonar mi sueño por tener una vida diferente, creía que simplemente no estaba hecha para mí, que no era mi destino. Pero mi mentor decidió regalármelo…y todo cambió. Comprendí donde estaban mis errores y en cuanto los resolví, mi vida mágica comenzó."
Pedro A. Emprendedor.

"Leí este libro con la esperanza de que me enseñará a cerrar ventas, lo cual hizo, pero entonces me di cuenta de que había otros puntos que no estaba llevando a la perfección, que cometía errores que no me ayudaban en mi éxito. Así que decidí leerme el libro de forma religiosa, aprender a llevar a cabo los 52 puntos. Hoy puedo decir que es la mejor decisión que he tomado en mi vida ya que mis ventas han aumentado considerablemente."
Sofía G. Vendedora de Cosméticos.

"Al leer a Jose por tercera vez no puedo más que decir: ¡Se ha vuelto a superar!"
Arthur M. Director General de Compañía de Seguros.

¿Deseas una vida mágica?

VENDE

Son muchas las personas que me preguntan: *Jose, ¿cuál es tu estrategia? ¿Cómo logras vender tus ideas al mundo? ¿Cómo lograste una vida tan mágica?* La respuesta, se encuentra en este libro.

Durante mis 15 años de emprendedor, he transformado la vida de millones de personas tanto en sus negocios, como en sus vidas personales. Convirtiéndome en uno de los mayores mentores de desarrollo profesional y estrategia de negocios.

Estas enseñanzas han sido impartidas en seminarios VIP donde he mostrado paso a paso como conseguir una vida mágica. También he plasmado mis ideales, pasos y estrategias en mis dos libros donde muestro como enseñar a tus hijos a ser millonarios en *"Los doce Regalos de Papá"* y a ser disciplinado y adoptar una mentalidad millonaria en mi segundo libro y BestSeller *"Cenando con Millonarios"*.

E incluso decidí compartir mi gran pasión por el libro *"Piense y Hágase Rico"* siendo uno de los creadores de la gran película *"Piense y Hágase Rico el Legado"* basado en el BestSeller de Napoleón Hill, uno de los libros que enseña el método más famoso y efectivo para ganar dinero en el mundo. Consiguiendo más de 10 millones de copias vendidas.

Mis ganas de compartir mis enseñanzas han sido tan intensas que incluso he creado la gira *"No Work no Money"* alrededor del mundo. Sin embargo, ante mi mente emprendedora y siempre deseosa de ayudar a los demás, he sentido últimamente que debía abrirme por completo, mostrar todas y cada una de mis estrategias de venta para que más personas tengan la oportunidad de tener esa vida maravillosa con la que siempre sueñan. **Sin importar que tan trágicamente comienzan, ya que todo el mundo merece su vida llena de magia, de cosas hermosas y sueños cumplidos.**

viii

Así que, querido emprendedor y futuro gran vendedor, si estás empezando a leer este libro, prepárate para tener la clase de ventas, más agresiva que has tenido hasta ahora.

Iré directo al grano mostrándote 52 puntos que nadie te ha enseñado hasta ahora para vender y tener la vida con la que sueñas desde que eres niño/a.

Espero sinceramente que este libro sea un antes y un después en tu vida.

José Gordo.

¿Cuál es tu Vida Mágica?

Toda persona que ha marcado el mundo y hecho realmente algo significativo, ha tenido que pasar por este momento que estás justamente viviendo. Detenerse y decidir qué clase de vida trágica está viviendo y dejarla atrás para comenzar una nueva vida, la mágica.

Al igual que tú, cada persona de éxito ha creado su mapa de sueños, el cual miraba en las noches más tristes y en los momentos en que todo parecía realmente lejano. Tener claro la vida mágica que deseas no es ninguna clase de ejercicio simple, es realmente una predicción de lo que deseamos vivir en el futuro.

Por ello, antes de comenzar a leer *"De una Vida Trágica a una Vida Mágica"* voy a pedirte que describas como es tu vida actualmente, como de trágica es. Si siempre sientes que te mereces más, si te despiertas cada mañana insatisfecho/a con lo que vas a hacer y te acuestas aun peor. Si conduces un coche que no te agrada o llevas a tus hijos a un colegio que es todo lo contrario a lo que desearías para ellos. Si tu pareja no está recibiendo todo tu tiempo y atención porque ocupas tu tiempo en cosas más trágicas. Define todo eso que te hiere cada día y que evita que tengas la vida de tus sueños.

Fecha:____

Nombre completo:_______________________________________

____

Esta es mi Vida Trágica: _________________________________

____

____

____

Ahora quiero que pienses en esa vida mágica que deseas conseguir como resultado de llevar a cabo los consejos de este libro. Describe la casa en la que deseas vivir, a donde vas viajar, que clase de vida tendrá tu familia, como te sentirás cada día al despertarte y al acostarte. Descríbela como si ya la estuvieras viviendo.

Esta quiero que sea mi Vida Mágica:

____

____

____

____

____

____

Para ser un gran vendedor, debes tener tus objetivos allí donde puedas verlos. Así que imprime esta hoja y ponla allí donde puedas verla, así te asegurarás que nunca decaigas ni pierdas el rumbo de tus sueños.

PRIMERA PARTE

Los Principios básicos del Vendedor

Una base firme y definida es la clave de todo emprendedor exitoso. Si comienzas con buen pie desde el inicio, te asegurarás el éxito junto a pocos fracasos.

A continuación, te mostraré una serie de puntos que te ayudarán a ser uno de los mejores vendedores de tu país, lo único que tienes que hacer es sentarte en un lugar cómodo, tomar tu libreta, dispositivo inteligente y tu agenda, ya que tendrás que apuntar, señalar y responder durante este camino que te convertirá en uno de los mejores vendedores del mundo.

Recuerda también, antes de leer, que todo lo aquí mostrado es nuevo para tu mente, nunca has leído un libro que se le parezca, ya que está creado desde mi experiencia y la de otros vendedores de éxito que disfrutan de una vida verdaderamente mágica hoy en día, la cual espero que tú también disfrutes en un futuro.

Ahora, comienza tu camino hacia tus sueños, leyendo la primera parte de este libro.

1
La Habilidad supera a la Experiencia

¡Así de simple!

En este primer capítulo deseo hacer desaparecer esa gran duda e inseguridad que limita constantemente tus pasos hacía una vida mágica.

LA HABILIDAD

Son muchas las personas que me han dicho lo siguiente:

"José, no tengo tu experiencia para vender".

"No terminé los estudios, no tengo conocimiento alguno".

"Tengo demasiadas deudas para centrarme en vender"O "No se me dan bien las ventas".

Si has usado alguna de estas excusas, te ordeno a que las elimines de inmediato de tu mente, pues cada una de ellas es un freno que te has estado diciendo a ti mismo, para no avanzar hacia la vida con la que siempre sueñas.

La experiencia es algo que se adquiere con la habilidad.

Todos vendemos, con o sin experiencia, desde que nacemos. Y si no lo crees, piensa en cuando eras pequeño/a y querías que tus padres te compraran aquella bicicleta con la que habías estado soñando durante meses.

Los pasos que seguías eran increíblemente premeditados.

1.   Le enseñabas a tus padres la bicicleta, lo hermosa y lo mucho que deseabas tenerla.

2.   Luego le mostrabas a terceras personas, tus amigos, como disfrutaban de una bicicleta parecida.

3.   Comenzabas a portarte mejor y hablar de los beneficios de la bicicleta.

4.   Tus padres comprendían la indirecta y te preguntaban el precio, en ese momento enseñabas el catálogo y sentías el corazón a mil por hora, sabías que era el momento decisivo.

Increíblemente sabemos vender desde que somos niños, no tenemos ninguna clase de experiencia, ni limite mental por naturaleza, sabemos lo que deseamos. Y esa es la mayor habilidad de todas.

Tener claro lo que deseamos vender es una gran habilidad.

Por ello te digo que da lo mismo cuál es tu inicio trágico, sabes vender desde que naciste. Llorabas por comida, esa era tu mayor carta de venta. Ahora no lloras, hablas, convences y presentas los beneficios.

Solo necesitas conectarte con tu Ser Vendedor.

¿Cómo conectarte con tu Ser Vendedor?

Todo se resume en una maravillosa palabra. Simpleza.

Vender es tan simple como mostrar los beneficios.

•Si deseas vender por ejemplo un paquete de inicio de Multinivel, solo tienes que mostrar el plan de compensación.

•Si quieres conseguir inversores para tu proyecto, muestras en cuanto tiempo recuperarán la inversión.

•Si quieres empezar un nuevo negocio y deseas el apoyo de tu familia, muéstrales el nuevo estilo de vida que adquirirían.

•Si quieres vender cualquier producto o servicio, muestra sus grandes beneficios.

La simpleza es lo más fácil y factible. Crea un plan de beneficios y muestra el tiempo que se puede conseguir los objetivos mostrados.

A continuación, te dejo una plantilla para que presentes cualquier idea de negocio.

Inversión	Beneficios	Plazo de ROI*

* Retorno sobre la Inversión.

¿Qué es un vendedor?

Si buscáramos la definición de Vendedor, encontraríamos lo siguiente: "Que vende cosas, especialmente si se dedica profesionalmente."

Pero tras mis 15 años vendiendo me he dado cuenta de que esta definición crea un gran bloqueo mental, originando la duda de si se necesita experiencia para llegar a grandes ventas. Mis años de habilidad me han demostrado que **un vendedor es alguien más que pica en la puerta de un desconocido, para vender un producto en el que no cree en absoluto.**

Un vendedor es un Coach de Decisiones. Ayuda a que una persona cambie el rumbo de su vida gracias a que un vendedor le asesora.

Y es que ser Coach de Decisiones es algo que hacemos todos los días. Y sino lo crees quiero que hagas ahora mismo el siguiente ejercicio.

Si has hecho el ejercicio notarás una gran satisfacción, pues acabas de enviarle a esa persona un producto que has consumido y el cual te cambió tu vida para mejor. **Convirtiéndote en un Coach de decisiones, es decir un gran vendedor con habilidad.**

Sin embargo, que recomiendes o disfrutes de ello no significa que seas un gran vendedor, ya que existe una gran diferencia ente recomendar y vender, la cual solo los grandes vendedores del mundo conocen. Estás a punto de averiguarlo también. Así que presta atención.

Recomendador VS Vendedor

Ahora bien, ¿cómo se gana dinero recomendando?

La diferencia entre ser un recomendador y un vendedor está en que el primero no obtiene beneficios económicos, solo obtiene un "gracias". **El vendedor, sin embargo, tiene la habilidad de ganar dinero.**

Déjame ponerte el siguiente ejemplo:

Volviendo al mensaje que te dije enviar en la página anterior, si eres un recomendador no habrás pensado como obtener beneficios al recomendar una película.

Pero si eres 100% un Vendedor con Habilidad, habrás ido a tu cuenta de afiliado de cualquier plataforma online y habrás enviado la película con tu enlace, para así obtener ingresos por tu recomendación.

Si tu caso ha sido el primero, tranquilo/a, estás leyendo este libro para poder pensar y actuar como un Vendedor. En caso de que añadiste el enlace de afiliado, felicidades, este libro te perfeccionará aumentando tus ingresos.

Ahora bien, ¿cómo puedes ser un vendedor y no un recomendador?

Obteniendo beneficios siempre

Antes de recomendar un producto, realízate las siguientes preguntas:

•¿Obtendré beneficios monetarios?
•¿Trabajaré poco para obtener una cuantiosa cantidad?
•¿Podré ofrecerle más de un producto?
•¿Es un cliente que requiere poco soporte?

Si 3 de estas preguntas son positivas, ¡enhorabuena!, estás siendo un buen vendedor. Si no es así, sigue leyendo para perfeccionar la estrategia y así puedas cerrar una venta con mayores beneficios.

Cuestionario: La Habilidad Supera la Experiencia

Ahora, que estás a punto de terminar tu primer capítulo como vendedor, realiza el siguiente ejercicio que te ayudará a saber si has comprendido como ser un Vendedor con Habilidad.
(Ver respuestas correctas al final del Libro)

1. ¿Qué es lo primero que debemos mostrar al vender?

a) Seguridad   b) Beneficios   c) El producto

2. ¿Cómo conectarte con tu ser vendedor?

a) Leyendo   b) Simplificando   c) Vendiendo

3. ¿Cuál es la diferencia de un vendedor y un recomendador?

a) Obtener ingresos   b) Ganarse al cliente

Este punto de venta se resume con las siguientes frases:

"La experiencia es algo que se adquiere con la habilidad." "Todos vendemos, con o sin experiencia, desde que nacemos." "Tener claro lo que deseamos vender es una gran habilidad." "Vender es tan simple como mostrar los beneficios."
"Un vendedor es alguien más que pica en la puerta de un desconocido, para vender un producto en el que no cree en absoluto."

"Un vendedor es un Coach de Decisiones. Ayuda a que una persona cambie el rumbo de su vida gracias a que ese vendedor le asesora."

"El vendedor, sin embargo, tiene la habilidad de ganar dinero."

"Pero si eres 100% un Vendedor con Habilidad, habrás ido a tu cuenta de afiliado de cualquier plataforma online y habrás enviado la película con tu enlace, para así obtener ingresos por tu recomendación."

2

Tu Vida es un Escaparate

¡Estate siempre Perfecto/a!

Un superhéroe y un vendedor solo se diferencian en una cosa, el primero usa un disfraz cuando ejerce de salvador y es totalmente una persona diferente cuando no lleva antifaz. Pero un vendedor es siempre el salvador del mundo, el guía de los consumidores y el puente para las empresas.

Así es como lo he visto siempre y es algo que intento transmitir en mis Seminarios. Debes verte como un superhéroe, la humanidad necesita a los vendedores para que puedan transmitir lo que los fundadores no son capaces de explicar.

Piensa por ejemplo en Steve Jobs, uno de los mejores creadores del mundo, cambió la tecnología, la manera en que nos comunicamos y socializamos. Sin embargo, su dote de vendedor era algo escasa, por ello contrató al impresionante John Sculley, un vendedor de categoría élite.

Pero existe una gran diferencia entre Sculley y los vendedores de hoy, del Siglo XXI. Hoy todo el mundo puede ser vendedor ya que es uno de los mejores negocios que existen. Piénsalo, eres independiente, puedes ganar más dependiendo de cuanto trabajes, te conviertes en parte de una empresa sin ser responsable al 100% y puedes organizarte como desees.

Sin embargo, si es tan maravilloso ser vendedor, ¿por qué las personas no lo valoran más?

Muy simple, porque no todo el mundo tiene la habilidad de vender. Resulta realmente ofensivo para las personas que han estudiado una carrera como la de medicina o profesor, encontrarse con alguien que gana más sin haber pasado por años de estudios y libros apilados.

Por ello es importante que realices un gran trabajo en ti, que veas el vendedor que quieres ser cada día que te miras al espejo.

¿Cómo valorarme como vendedor?

*Con dos ingredientes claves: **Las Afirmaciones y la Determinación**.*

Las afirmaciones son usadas y recomendadas por los mayores héroes del mundo. *El Dalai Lama, María Teresa de Calcuta, Jim Rohn, Buda…*todos grandes vendedores de sus creencias, me han enseñado la importancia de recordarse a uno mismo cada día, cuanto valor aporta al mundo.

Si deseas ser un gran vendedor, debes decírtelo tú también, porque nadie más lo va a hacer. Si quieres vender millones, primero debes creerte capaz de tener la habilidad para vender tanto.

Por ello cada mañana, tras vestirte como un verdadero vendedor, con elegancia, con el mejor traje que tengas, aquel que muestre tu valor, dite las siguientes frases:

-Soy el mejor vendedor del mundo.
-Cada persona que me conoce desea saber que puedo venderle.
-Las mejores compañías desean que sea su vendedor.
-Soy un vendedor estrella.
-Y estoy en este mundo para ganar dinero vendiendo, pues tengo la habilidad para hacerlo.

¡Genial! Levántate ahora mismo, ve a vestirte y repítete estas frases hasta que realmente sientas que eres esa persona que dices ser.

Y una vez dichas pasa al siguiente punto; la Determinación.

La determinación es esa acción que llevamos a cabo después de sentirnos valorados, seguros y positivos. Para que lo entiendas mejor piensa que la Determinación es un cohete que está a punto de ir a la luna, solo no puede ir, necesita combustible y lo que es más importante, necesita una teoría para que funcione, que en este caso es la Tercera Ley de Newton, en tu caso serían las afirmaciones.

Ley del Vendedor: Afírmate para conseguir
Determinación.

Comprendiendo esta ley, podrás vender cualquier cosa que te apasione. Sin embargo, te advierto que no todo el mundo comprenderá lo que haces. Ser vendedor es para muchas personas, de forma errónea, un "trabajo sacrificado". Pero esto solo les sucede a aquellos que no son inteligentes y no saben usar sus habilidades.

En mi caso, muchas personas de mi círculo no me apoyaban, creían que estaba ganando una miseria comparado con lo que trabajaba. Al principio así era, hasta que comprendí que estaba usando las técnicas de un vendedor corriente, no las de un vendedor que desea una vida mágica.

¿Cómo ser un vendedor mágico?

Yendo más allá.
Tal y como te he dicho al inicio de este capítulo, siendo el superhéroe que no se quita el antifaz. Esta teoría es claramente mostrada en la película "La Familia Jonesses". En ella se ve como una familia resulta ser el escaparate de todo lo que utilizan, desde sus coches, sus teléfonos, ropa e incluso lociones. Todo lo que usan es vendible y evidentemente ellos se llevan una comisión por ello.

Así que para convertirte en un vendedor mágico debes ser un escaparate de los productos que comercializas. Si eres vendedor de criptomoneda, utilízalas, muestra lo simple que es pagar de manera virtual. Si vendes relojes, ten los productos más caros en tu uso cotidiano. Si representas a un restaurante, lleva a tus amigos allí, que deseen comer en el lugar todos los días.

Sé el escaparate, pero de forma inteligente.

Hay que recordar que los clientes son humanos, que necesitan sentir una conexión con el vendedor. Por ello te lanzó la siguiente perla de este libro:

"Ser el vecino que lo sabe todo y al que todos invitan".

Una de las claves más maravillosas de ser vendedor y de la que más disfruto, es el de socializar. Por qué es lo que hará que conozcas a tus clientes, cuáles son sus inseguridades, los sueños que aún no han cumplido o sus secretos. Sabiendo todo esto, podrás ofrecer un servicio como vendedor formidable. ¡Perfecto! Te convertirás en el asesor de compras de tus vecinos, te preguntarán donde comprar y como comprar, mientras tú ganarás comisión por ello.

Tu círculo debe ser tu segmento

Como vendedor debes valorar donde incluso vivir. Aquí te muestro como reconocer tu tipo de cliente, según el producto que vendas. Busca en esta lista quienes son tus clientes:

•Transporte, Metales preciosos, Criptomoneda, Inversiones, Bienes y Raíces, Marketing Online, Franquicias, Alcohol: Busca un vecindario donde la mayoría sean dueños de negocios, sus hijos vayan a escuelas privadas y tengas más de dos coches por personas de gama alta.

•Cursos, Juguetes, Maquillaje, Espectáculos, Inversiones pequeñas, ONG, Viajes, Alimentación BIO, Subscripciones, Jardinería: Ve allí donde viven familias aun con hijos a su cargo, van a escuelas públicas o concertadas, tienen coches de menos de 50.000€ y ambos trabajan. Les gustan las subscripciones y mantener ciertos caprichos.

•Alquiler, Productos de Bienestar, Ropa, Biotecnología, Streaming, Medicamentos, Mascotas, Seguros, Herramientas, Cruceros: Estos clientes son la mayoría personas Jubiladas, suelen vivir en lugares retirados y buscan productos para cuidarse a sí mismos, suelen ser desconfiados con los vendedores por ello gánate a sus nietos o hijos y que ellos te recomienden.

•Libros, Música, Videojuegos, Revistas, Objetos Coleccionables, Mobiliario, Deporte, Vehículo-Juguete: La nueva generación, aquellos jóvenes que aún no se han independizado o acaban de mudarse al primer piso de sus vidas. Tienen un sueldo bajo, pero les gusta seguir manteniendo sus ocios.

Lo ideal para ser un gran vendedor es que ofrezcas dos productos de cada lista, así te aseguraras tener clientes de cada categoría.

Y para colocar el lazo final, te recomiendo a que aprendas a venderles a tus clientes durante toda su vida.

Hay otra cosa maravillosa que sucede en el mundo de las ventas y es que el cliente pase de ser una persona con un sueldo básico a millonario, entonces podrás ofrecerle productos de gama alta y ganarás más comisiones.

Porque si eres su mejor coach de compras cuando era pobre, lo serás también cuando sea rico.

Buscando la Perfección del Vendedor

Si hay algo que me obsesiona es conseguir resultados perfectos en todos los aspectos de mi vida. Por eso voy a hablarte de cómo ser el vendedor perfecto.

Recordando lo que has leído hasta ahora sabes que un vendedor se mide por su Habilidad la cual aporta experiencia, luego comprendiste que mostrar los Beneficios son la clave de toda venta, también te he mostrado que eres un escaparate por lo que debes mostrar a los demás tu estilo de vida gracias a los productos que vendes y por último has descifrado quienes son tus clientes. Ahora bien, ¿qué diferencia habría si solo
aprendieras estas lecciones? La perfección no se reflejaría en tus ingresos.

Tras examinar a las personas que me han dicho que no obtenían los resultados que deseaban como vendedores, me di cuenta de que todos fallaban en lo mismo, no se obsesionaban en sus resultados. Simplemente sabían cuánto habían ganado, pero no como lo habían hecho.

Por ello recomiendo siempre hacer El Recuento.

¿En qué consiste El Recuento?

Cada vez que realices una venta tomate unos diez minutos y apunta cada paso que hiciste, si cambiaste la forma de saludar al cliente, si hiciste un cierre diferente, si invitaste a café o té a la persona o si simplemente le preguntaste sobre su familia.

13

¡Todo cuenta!

Los humanos somos increíblemente receptivos y nos encanta sentirnos mimados, por ello es tan importante que examines como te estás comportando con el cliente.

Para que te sea más fácil realizar El Recuento, he creado la siguiente tabla que te ayudará a examinarte a ti mismo.

Nombre de Cliente	Lugar de cierre	Le invité a...	Tiempo de conversación previa	Modo de cierre	Resultado	Tiempo Invertido	Ganancias

Con el tiempo adquirirás una gran capacidad para recordar que te hizo cerrar cada venta.

De Vasos de papel a Hamburguesas

Para finalizar este capítulo y asegurarme de que sientas la gran seguridad de que eres el mejor vendedor del mundo, quiero que pienses en esa franquicia que seguro sueles ir más de una vez al año. Solo viendo su "M" amarilla tus papilas gustativas piensan en hamburguesas. Y es que McDonald's existe gracias a un vendedor que nadie tomaba demasiado en serio y que comenzó vendiendo vasos de papel. Sin estudios algunos, contaba solo con su gran habilidad para descubrir las grandes oportunidades, Ray Kroc se convirtió en el mejor vendedor del mundo y propietario de los restaurantes de comida rápidas más increíbles del mundo. Conocía el producto, sabía sus beneficios y buscó a los clientes perfectos a los que venderles franquicias, además negoció sus regalías, perfeccionando aún más su estrategia.

Tú puedes ser el nuevo Kroc, solo necesitas creértelo y tener la determinación de seguir cada paso aquí presentado.

Test: Tu vida es un Escaparate

Tras completar el segundo capítulo realiza el siguiente test para saber si has comprendido tu valor como Vendedor y como perfeccionarte. (Ver respuestas correctas al final del Libro tras terminar)

1. ¿Qué valor tiene ser Vendedor?

a) Es el puente de la empresa
b) Es quien vende
2. ¿Cómo encontrar tu valor como Vendedor?
a) Trabajando y Vendiendo
b) Afirmaciones y Determinación

3. ¿Cuál es la Ley del Vendedor?

a) Mantén tus objetivos claros
b) Afírmate para conseguir Determinación.

4. ¿Cómo ser un Vendedor Mágico?

a) Socializándote
b) Vendiendo

5. ¿Cuántos tipos de círculos de clientes existen?

a) 3
b) 4

15

5. ¿Cómo se consigue la perfección como vendedor?

a)   Con el recuento
b)   Nunca descansando

Este punto de venta se resume con las siguientes frases:

"Un vendedor es siempre el salvador del mundo, el guía de los consumidores y el puente para las empresas."
"Eres independiente, puedes ganar más dependiendo de cuanto trabajes, te conviertes en parte de una empresa sin ser responsable al 100% y puedes organizarte como desees."
"Ley del Vendedor: Afírmate para conseguir Determinación." "Ser el vecino que lo sabe todo y al que todos invitan."
"Porque si eres su mejor coach de compras cuando era pobre, lo serás también cuando sea rico."
"Cada vez que realices una venta tomate unos diez minutos y apunta cada paso que hiciste."

3
La Señal de Venta

¡Vende ahora o nunca!

La mayor cuestión en el mundo de las ventas es *¿ahora? ¿Es el momento perfecto para vender?*

En este capítulo vas a adquirir la habilidad para saber si tu cliente está listo para que le vendas. A mí me gusta compararlo con el ritual de apareamiento de los pavos reales, pues saben cómo venderse a la hembra que desean conquistar. Saben en qué momento abrir su iridiscente cola mostrando la calidad de su plumaje, color y tamaño. Así que piensa en cada momento en que estés cerrando una venta, que eres ese pavo real deslumbrante y que en algún punto deberás hacer uso de tus habilidades.

Pero antes de mostrarte como identificar el momento, quiero enseñarte como llegar al punto de venta. Ya que a lo largo de mis 15 años de vendedor he perfeccionado mi técnica y a no adelantarme. **Ya que la mayoría de las ventas no se cierran debido a que no era el momento de vender**.

De hecho, hace poco, una vendedora de productos de belleza me escribió explicándome que llevaba mucho tiempo sin cerrar una sola venta. Su caso me impactó ya que es normal que se te escape alguna, pero no todas. Así que le pedí que me explicara al detalle como llegaba a la venta. ¿Quieres saber que respondió? Dijo; "cuando veo que está mirando uno de los productos le digo inmediatamente el precio." ¡No daba crédito a lo que estaba leyendo! La chica tenía ansiedad de venta al pensar solo en su comisión, no en el gran producto que estaba ofreciendo. Estropeando así todo lo que había trabajado para tener a aquella posible cliente frente a ella.

Al darme cuenta de este error decidí añadir este capítulo al libro para explicar cómo preparar el terreno para llegar a la venta, con estos simples pasos.

1. **Escoge un lugar tranquilo, donde no haya distracciones**, puede ser en la casa del cliente (siempre y cuando no haya niños), en el club de golf, en una cafetería o en una oficina. Invita al cliente a un té o café para que mantenga sus sentidos agudizados.

2. Empieza con una conversación agradable e interésate por el cliente, hazle sentir que está en un momento social, que se sienta inteligente. Si hablas con una ama de casa pregúntale sobre su día a día, si es un dueño de negocio, háblale de una empresa que hace poco descubriste, si es una pareja joven, interésate por la filosofía de vidas que tienen. Debes adaptarte a la persona, saber con quién estás hablando.

3. Háblale de tu vida como padre o madre, viajero o jugador de golf. Debe ver en ti a una persona real en la que poder confiar y que se dedica a las ventas con gran pasión. No muestres desesperación, el cliente debe ver qué quieres que tu producto le mejore su vida, no una gran ansiedad por ganar dinero.

4. Cuando la conversación se vuelve relajante y hayas llegado a la mitad de tu taza, entre unos 10-15 minutos. Recuerda aquello que te ha contado que le gustaría cambiar de su vida o mejorar y presenta el producto como solución. Aquí tienes algunos ejemplos según la categoría de clientes que hablamos en el capítulo 2:

Cliente de Alta Gama: Me ha llamado la atención lo que has dicho de la comisión que te cobran los bancos cada vez que haces un ingreso, ¿sabías que con la criptomoneda es mínima?

Cliente de Clase Media: Yo también estaba preocupado con mi alimentación, por eso me pasé a los productos Bio, consumo una marca que represento y que se llama. ¡Creo que te encantaría!

Clientes Jubilados: Seguro que os iría bien un crucero por el Mediterráneo, así respiraríais el aire del mar.

Clientes Jóvenes: Creo que has dicho que no tenías coche, ¿has visto el nuevo patinete eléctrico? Yo mismo he venido en él.

5. Llega el momento **de mostrarle el producto y sus beneficios**. De hablarles de cómo les cambiaría la vida.

Así es como se llega al momento de cerrar la venta e identificar si el cliente está listo para comprar.

Señales de compra

Sí el cliente muestra las siguientes señales, es que está listo para que le lances el precio y cierres la venta.

•**Afirmaciones constantes**: Si dice "sí" continuos, "cierto", "así es" o "estoy de acuerdo", asiente, pestañea, se mueve incomodo en el asiento de forma seguida, es porque está sintiéndose positivo con el producto que estás mostrando.

•**Preguntar sobre el precio**: Si llega a esta pregunta es por que desea saber cómo de alcanzable está el producto para su bolsillo.

•**Preguntar sobre su utilidad**: Lo mejor es que tengas el producto para mostrarle, que lo use para que así comprenda que tan fácil puede llegar a ser introducirlo en su vida.

•**Preguntar sobre tiempo de entrega**: Al crearle una necesidad, desea saber cuándo puede tenerlo. Asegúrate de llevar contigo otro ejemplar para vender o la manera más fácil de que lo obtenga en menos de 48h.

•**Lectura silenciosa**: Si comienza a leer sobre el producto de manera concentrada, dale su tiempo para que pueda comprender los beneficios.

•**Mostrar el producto a alguien**: Esta es una gran señal, pues significa que lo quiere y necesita más personas para confirmarlo.

Las 3 preguntas

Tras estas señales positivas llega el momento de hacer las tres preguntas mágicas, que te llevaran un paso más para dejar atrás tu vida trágica y comenzar tu vida mágica de vendedor.

1.	¿Te gustaría tener el producto? (Espera la respuesta, no pases a la siguiente hasta que responda).

2.	¿Lo querrías ahora? o (dile la otra opción de tiempo en caso de que debas solicitarlo a la empresa). Y espera de nuevo a que responda.)?

3.	¡Genial! ¿Cómo te gustaría pagarlo? (Espera la respuesta, no te pongas nervioso, no empieces a decir las opciones de pago al menos que te pregunte, es importante que muestres tus alas de pavo real aquí.

Recuérdate mientras esperas la respuesta que eres el mejor vendedor del mundo.)

¡Te ha respondido positivo! ¡Felicidades! Véndele el producto y concreta una cita para poder ver qué tal le van los primeros días.

Y recuerda que el seguimiento es más importante que la venta misma, ya que un cliente mimado es un cliente de por vida.

¿Y si dice que no?

Evidentemente la vida del vendedor no es un camino de rosas. Todos tenemos ventas no cerradas, lo importante es que sean mínimas. Pero aún recuerdo mis primeras veces rechazado y como me sentía. Tuve que hacer un gran cambio en mi manera de tomarme el rechazo, sobre todo en el momento en el que sucede, ya que el cliente no debe sentirse mal por no haber comprado nuestro producto.

¿Cómo se consigue?

Aplazando la cita.
Todos los grandes vendedores del mundo te dirán que es la mejor manera de pasar de tener un no-cliente a un posible-cliente. Solo tienes que citarle para dentro de un par de días, para que se piense mejor si tu producto puede cambiarle la vida.

Esos dos días son primordiales, debes darle espacio, no escribirle o llamarle, que de verdad sienta que le estas ofreciendo ese espacio vital para su decisión. La mayoría suele llamar antes para adquirir el producto, debido a que había estado en su mente durante las primeras 24h.

Pero en caso de que no desee el producto, conserva la relación, crea una nueva cita para tomar algo, pues llegará el día en que tengas el producto perfecto para esa persona.

¡Felicidades! Ya sabes cómo cerrar una venta. ¿Sientes cómo se va cosechando dentro de ti la vida mágica que tanto deseas? Seguro que sí.

Cuestionario: La Señal de Venta

Tras completar el tercer capítulo realiza el siguiente cuestionario para perfeccionar tu cierre de venta.

• ¿Qué lugares son perfectos para realizar el cierre de venta?

____

____

____

____

____

• ¿Qué preguntas puedo hacer a mis futuros clientes?

____

____

____

____

• ¿Qué aspectos de mi vida puedo mostrar al cliente?

____

____

23

____

____

____

• ¿Qué beneficios del producto puedo destacar?

____

____

____

____

Este punto de venta se resume con las siguientes frases:

"La mayoría de las ventas no se cierran debido a que no era el momento de vender."

"Escoge un lugar tranquilo, donde no haya distracciones."
"Debes adaptarte a la persona, saber con quién estás hablando."
"Mostrarle el producto y sus beneficios."

"Un cliente mimado es un cliente de por vida."

"Hacer un gran cambio en mi manera de tomarme el rechazo."
"Conserva la relación."

"Debes darle espacio, no escribirle o llamarle, que de verdad sienta que le estas ofreciendo ese espacio vital para su decisión."

4

¿Qué no hacer nunca en un cierre?

¡Nunca es nunca!

- **Quedar en un restaurante**: Suelen ser ruidosos e incentivar el deseo de comer, lo cual hará que ninguno de los dos esté concentrado.

- **Celebrar una venta no cerrada**: No pidas champan u otra bebida para celebrar algo que aún no ha sucedido, el cliente se puede sentir incómodo.

- **Quedar en una fiesta**: No es el mejor momento ya que las personas suelen estar muy influenciadas por amigos.

- **Hacer cierre por teléfono**: Al menos que sea una relación que siempre ha sido por mensajería o llamadas, no intentes cerrar con un mensaje, suele ser demasiado frío.

- **Ocultar los precios**: Es bueno que la persona vea la transparencia del valor del producto desde que se le enseña.

- **Tardar más de 48h en entregar el producto**: La persona puede incluso buscarse otro vendedor en ese tiempo.

- **Responder al teléfono o enviar mensajes**: Ponlo en silencio, es importante que no haya ninguna interrupción por tu parte.

- **No estar seguro de los beneficios**: Debes reflejar seguridad a la hora de hablar de los beneficios del producto.

- **Hablar demasiado y con prisas**: El cliente debe ver que estás tranquilo y tienes tiempo para ayudarle.

- **Quedar con el tiempo justo**: Si un cliente te dice que tendrá que ser rápida la reunión, mejor queda otro día para que así tengas tiempo suficiente para hacer el cierre.
- **Recomendar después de cerrar**: Trágate la ansiedad, si el cliente ha decidido comprar un producto no intentes venderle más, pues dudará de cual es mejor y puede que no se decante por ninguno.

- **Inventarse promociones**: Tus clientes pueden conocerse, por lo que no te inventes descuentos al menos que vayas a realizárselo a todos.

5
Un día como Vendedor

¡Para aplicar cada día!

"Me falta tiempo para hacer todo lo que deseo", es una de las frases que más suelo oír de aquellas personas, que no consiguen los resultados que querrían durante su día a día. Y es que en el proceso de conseguir una vida mágica debes enfocarte en dejar atrás acciones trágicas. Como el deseo de acelerarlo todo, que puede llegar a bloquear la visión del día. Se pueden hacer muchísimas cosas en tan solo 24h si sabes cómo administrar tu tiempo.

Por ello en este capítulo voy a hablarte del día a día que todo vendedor de éxito lleva a cabo. Sus resultados están demostrados, de hecho, te invito a buscar a tu vendedor favorito y averiguar cuál es su rutina diaria, que le hace ser efectivo y disfrutar a la vez de su vida.

Esta es la rutina inteligente que yo recomiendo.

Duerme de entre 3-5h por la noche como los mejores pensadores del mundo. Al despertarte no enciendas todavía tu teléfono, primero es importante que te ocupes de ti mismo.

7:00 a.m. Comienza el día nutriendo tus glándulas con un coctel de frutas cítricas, leche vegetal y una pizca de Sal del Himalaya. Luego de tomarte este maravilloso zumo obséquiate con diez minutos de estiramiento, despierta a tu cuerpo y di tus afirmaciones del capítulo 2.

7:10 a.m. Date una ducha de agua templada y no pienses en las ventas que tienes que hacer o los clientes que visitar. Ese momento es solo para ti y tu cuerpo, ambos debéis encontraros relajados y sanos para rendir de forma fructífera.

7:30 a.m. Desayuna un buen café o un té negro que te de energía. Aporta proteínas y cereales integrales en tu mañana. Disfruta de cada bocado mientras escuchas música, no pongas la televisión, debes seguir enfocado en ti, no en los problemas de los demás.

8:00 a.m. Enciende el teléfono y organiza tu Agenda. Prioriza las ventas que debes cerrar y deja el seguimiento para la tarde. Mi recomendación es cerrar ventas por la mañana y hacer seguimiento a la tarde. Así también tendrás tiempo para ti.

Las primeras dos horas tras despertarte son las más importantes para empezar un buen día como vendedor.

Al terminar el día sabiendo que has cumplido con tu plan te relajará, hará que nuevas oportunidades lleguen a tu vida. No importa lo trágica que sea tu vida ahora, si desde mañana amaneces con el objetivo en mente, de que quieres una vida mágica y de que vas a luchar por ella a diario, vas a lograr todos tus sueños, al igual que me sucedió a mí.

Prioriza lo importante

Una de las grandes habilidades que debes adquirir es la priorización. Saber que es importante hacer hoy.

Como vendedores debemos crear un embudo de lo que surge a diario, como pueden ser llamadas familiares, quedadas de última hora con amigos, ir al supermercado, citar a un cliente en el mismo día…y muchas más que pueden surgir dentro de nuestras 24h.

¿Cómo saber si son importantes? Muy simple, si no estaban en la agenda para hoy, no se hacen. Puede parecer drástico, pero si respetas tus prioridades, el universo y todos los que te rodean también lo harán. Es así de fácil.

Debes comprender que, para ser el mejor vendedor del mundo, también debes ser el mayor comprometedor del mundo. Sé fiel a lo que apuntas en tu agenda, piensa en lo que prioriza en tus 24h y notarás una gran liberación, ya que no hay nada más maravilloso en el mundo que saber que tú tienes el control de tu vida.

Ten tu propio Ocio

Las responsabilidades son tan importantes como la diversión.

Debes saber regalarte un tiempo de Ocio para así recompensar tu buen trabajo. Por ello averigua que es lo que más te gustaría hacer en tu tiempo libre. Resérvate 2h diarias para ti.

Puedes leer un buen libro de ventas, avanzar cada día en su lectura y aprender nuevas estrategias. Puedes hacer deporte, en mi caso es algo que me apasiona y que muestro hasta en mi blog y Redes Sociales. Puedes escribir un libro, artículos de tu producto o servicio, tomar clases de cocina, de baile aprender a jugar al golf…lo importante es que sea algo que te haga ser mejor como ser humano y desarrolle una nueva habilidad en ti.

El ocio es extremadamente importante, ya que **no hay nada más aburrido que un vendedor que solo sabe hablar de ventas**. Tener un hobby es primordial para la charla previa, ya que el cliente puede ver una imagen clara de una persona completa, que tiene tiempo para sí mismo y además para encontrar clientes que compren sus productos.

¿Y qué ocurre con la familia?

La familia es el pilar angular de toda persona exitosa, si ellos están bien, vender se hace más fácil. Ya lo explico en el libro "Los 12 Regalos de Papá" la importancia de tener tiempo para tu familia. Por ello te recomiendo que cenéis juntos cada noche y almuerces con ellos las veces que puedas.

La cena es un momento mágico, es el repaso del día donde sabes que has cumplido con tu agenda y así podrás compartir con tu familia tus resultados.

Pero el camino hacía el éxito no debe ser necesariamente una responsabilidad enteramente tuya, haz participe a tu pareja e hijos. **Que ellos sean conscientes de que también deben aportar a que la vida mágica se haga realidad**, así comprenderán que estáis juntos en el mismo camino. Puedes incluso comprar una Agenda para cada miembro o compartir un calendario online para que cada uno pueda ver en qué momento pueden tener una escapada al cine, una cena romántica o ir a un museo. Así te asegurarás no solo a tener una familia disciplinada, sino a dejar el mejor legado de todos, el aprendizaje para tener éxito en la vida.

Organiza tu día de Vendedor

• ¿A qué hora vas a despertarte cada mañana?

____

• ¿Cuantas ventas cerraras cada día?

____

• ¿A qué ocios vas a dedicarte en tus 2h libres?

____

• ¿Cuánto tiempo dedicarás a tu familia?

____

• Prioriza lo Importante: Escribe cuales son las cosas más importantes que debes realizar en esta semana, luego escríbelas en tu Agenda personal.

____

____

____

Este punto de venta se resume con las siguientes frases:

32

"Ser efectivo y disfrutar a la vez de su vida."

"Las primeras dos horas tras despertarte son las más importantes para empezar un buen día como vendedor."

"Una de las grandes habilidades que debes adquirir es la priorización." "Si no estaban en la agenda para hoy, no se hacen."

"Las responsabilidades son tan importantes como la diversión."

"No hay nada más aburrido que un vendedor que solo sabe hablar de ventas."

"La importancia de tener tiempo para tu familia."

"Que ellos sean conscientes de que también deben aportar a que la vida mágica se haga realidad."

6
Tipos de Vendedores

¡Empieza a conocerte!

Me sorprende que la mayoría de los jóvenes y no tan jóvenes, que comienzan su carrera de vendedores, se sumergen en sus inicios en buscar todo tipo de información sobre qué tipo de vendedores existen y deciden elegir cual puede darles más resultados. Como si fuera un Buffet libre donde decides si hoy comerás proteínas animales o vegetales. Luego esos mismos vendedores primerizos comienzan a cambiar cada semana su estrategia, confundiendo a sus clientes, pues el que era una persona amistosa y sociable, se ha vuelto en menos de 7 días, en un rufián que solo mira por su propio tiempo e ingresos.

¿Por qué ocurre esto? **Porque algunas personas no saben quiénes son**.

En uno de mis viajes a Japón descubrí la magia del horóscopo, me sorprendió lo mucho que los japoneses tienen una gran creencia a sus signos de animales. Entonces dije que yo no creía en que el futuro estuviera escrito, sino en que cada uno podía trazarlo con sus acciones. Entonces uno de los que estaban hablando con más emoción se puso realmente serio y dijo algo que jamás olvidaré: *"para nosotros conocer nuestro signo significa saber quiénes somos, cual es nuestra naturaleza y no sentirnos mal por ello. Somos quienes somos"*. *Y la charla siguió de forma amistosa con la palabra "sake"* en las palabras de los que me acompañaban.

Pero yo quedé sumamente pensativo ante aquella revelación por el empresario japonés. Jamás alguien me había dado tal explicación ante los horóscopos, así que pensé que los vendedores **también tienen un tipo de personalidad y que una vez que uno descubra cual es, dejará de intentar ser lo contrario a su naturaleza.**

Así que me puse en búsqueda de los tipos de vendedores, y encontré un número desorbitado. Libros que no entraban en detalle, artículos que deshilaban demasiado. Necesitaba encontrar cuales eran realmente los tipos de vendedores que existen para que así más personas pudieran mantenerse enfocadas en su desarrollo personal. Y lo encontré, me examiné a mí mismo y a los mejores vendedores del mundo y descubrí que **existen 4 tipos de vendedores en el mundo** a los cuales les asigné un animal en honor a mi viaje a Japón.

Estos son los 4 tipos de vendedores:

Vendedor Tigre: A este vendedor le gusta trabajar solo, la jerarquía no es agradable para sí mismo, por ello prefiere centrarse en vender el producto y ganar su comisión. Aun así, le encanta tener competencia, de hecho, cierra las mejores ventas cuando es consciente de que el cliente está entre decidir si comprar su producto o el de la competencia. Todo lo que hace es para vender más, incluso habla varios idiomas para tener una cartera de clientes en los cinco continentes. Sin embargo, si no se siente apreciado en la compañía que representa no tiene ningún reparo en irse a una mejor y volver a empezar.

Vendedor Lobo: Le gusta el trabajo en equipo, saber que tiene todas las herramientas para trabajar de una manera segura y dando lo mejor de sí. Puede saber en una venta si el cliente va a estar años comprándole o si será algo temporal, otorgándole así una visión para saber hasta cuanto le puede vender. Su valentía le puede ayudar a montar su propia empresa donde dirigirá a los vendedores de una manera extraordinaria. También sabe disfrutar de su dinero e invertir en sí mismo no es un problema.

Vendedor Tiburón: Uno de los más agresivos. No desea perder el tiempo con personas que aun dudan de los beneficios del producto. Pero si el cliente compra, le hace el mejor seguimiento, quiere saber qué es lo que más valora del producto e incluso le saca referidos al nuevo cliente. Sabe que una venta puede originar 10 más si se trabaja correctamente. Todo su círculo son clientes satisfactorios.

Vendedor Águila: Antes de cualquier cita con un posible cliente, prepara un informe sobre la persona, en que círculos se mueve, si tiene familia, sus hobbies y hasta que coche tiene. Le gusta ir preparado para que nada le pille por sorpresa, le gusta crearse un guion meticuloso tanto si da la respuesta positiva como la negativa. Le encanta ayudar a otros vendedores por una pequeña comisión, ya que sabe el valor de lo que hace.

Estos son los vendedores que existen para mí. Todos los demás tipos de vendedores que encuentres, no son más que vueltas que al final te llevaran aquí, a los 4 tipos de mejores vendedores del mundo. El cual seguramente ya te habrás asignado el perfil de vendedor que más crees que se parece a ti, pero para que seas más exigente contigo mismo, he creado este test que te dirá qué tipo de vendedor eres realmente. Es simple, eliges la acción que llevarías a cabo como vendedor y sumas los puntos, debajo te mostrará qué clase de vendedor eres.

1) ¿Sueles trabajar en equipo?
   a) Sí (5 puntos)
   b) No (10 puntos)

2) ¿Te gusta sentirte respaldado por tu empresa?
   a) Sí (5 puntos)
   b) No (10 puntos)

3) ¿Disfrutas de la competencia?
   a) Sí (5 puntos)
   b) No (10 puntos)

4) ¿Sueles invertir las ganancias en ti mismo?
   a) Sí (5 puntos)
   b) No (10 puntos)

5) ¿Vendes a tu círculo?
   a) Sí (5 puntos)
   b) No (10 puntos)

6) ¿Qué sueles hacer antes de una cita con un posible cliente?
   a) Improviso (5 puntos)
   b) Analizo (10 puntos)
   c) Me motivo (15 puntos)
   d) Repaso (20 puntos)

7) ¿Cuántos idiomas hablas?
   a) Uno es suficiente (5 puntos)
   b) Dos (10 puntos)
   c) Tres (15 puntos)
   d) Cuatro (20 puntos)

8) ¿Cuándo pides referidos a tus clientes?
   a) Tras unos años (5 puntos)
   b) Solo en casos especiales (10 puntos)
   c) En cuanto compra (15 puntos)
   d) Cuando empiece a amar el producto (20 puntos)

9) ¿En cuánto tiempo sueles presentar tu producto?
   a) 15 minutos (5 puntos)
   b) 20 minutos (10 puntos)
   c) Depende la persona (15 puntos)
   d) 30 minutos (20 puntos)

10) ¿Cuál es el cliente que más tiempo lleva contigo?
   a) 1 año (5 puntos)
   b) 3 años (10 puntos)
   c) 4 años (15 puntos)
   d) 5 años (20 puntos)

11) ¿En cuántas compañías has estado hasta ahora?

   a) Más de 3 (5 puntos)
   b) Dos (10 puntos)
   c) Tres (15 puntos)
   d) Solo una (20 puntos)

12) ¿Tienes un grupo de seguidores-vendedores aprendiendo de ti?

a) Sí (5 puntos)
b) No (10 puntos)

13) ¿Qué sueles comprar con tus ganancias?

a) Lo uso para inversiones (5 puntos)
b) En aquello que me haga mejor vendedor (10 puntos)
c) Me hago regalos a mí mismo (15 puntos)
d) En aprendizaje (20 puntos)

14) ¿Cuál es tu media de cliente actual?

a) 1 al mes (5 puntos)
b) 3 al mes (10 puntos)
c) 10 al mes (15 puntos)
d) 5 al mes (20 puntos)

15) ¿Qué herramientas utilizas para vender?

a) Vendo el producto, solo eso (5 puntos)
b) Utilizo testimonios (10 puntos)
c) Todo lo que pueda, tanto en internet como físico (15 puntos)
d) Solo lo que la empresa ofrece (20 puntos)

16) ¿Cuántas veces en un mes realizas seguimiento al nuevo cliente?
a) Una sola vez (5 puntos)
b) 2 veces al mes (10 puntos)

c) Dos veces a la semana (15 puntos)
d) 1 vez a la semana (20 puntos)

Suma cada punto que has marcado y averigua que tipo de vendedor eres. Si has obtenido…

Hasta 120 puntos eres un Vendedor Tigre. Hasta 155 puntos eres un Vendedor Lobo.

Hasta 170 puntos eres un Vendedor Tigre. Hasta 235 puntos eres un Vendedor Águila.

Ahora que ya sabes qué tipo de vendedor eres, solo tienes que saber fortalecer tus mejores cualidades, aceptar quien eres y llevar a cabo ventas según tu estilo. Así tomarás las riendas de tus acciones desde hoy.

Dale la bienvenida a tu alma de vendedor.

Este punto de venta se resume con las siguientes frases:

"Algunas personas no saben quiénes son."

"Los vendedores también tienen un tipo de personalidad y que una vez que uno descubra cual es, dejará de intentar ser lo contrario a su naturaleza."

"Existen 4 tipos de vendedores en el mundo."

7
La Convicción del Vendedor

¡Consigue ser confiable!

Lo que más me gusta de la definición de la palabra Convicción es la siguiente parte: El interés sostenido, madurado y aumentado, se convierte en convicción. Y es que ahí está la diferencia entre un vendedor convencido y un vendedor mediocre.

¿Cómo saber en qué punto estás?

Si consigues cerrar más del 50% de las ventas que realizas, ¡felicidades! Este capítulo será puro repaso para ti, pero si aún no llegaste a tal número, presta atención y aprende a como los verdaderos vendedores del mundo crean un interés real gracias al poder de la convicción.

La seguridad es un elemento primordial a la hora de cerrar una venta. Podemos tener un cierre magistral y sabernos todos los beneficios, pero si no estamos al ciento por cien convencidos, todo el trabajo habrá sido una pérdida de tiempo tanto para ti como para el cliente. Ya que el vendedor ofrece segundas oportunidades, pero el cliente no. Por lo que debes verte en un puente levadizo donde tienes una sola oportunidad de pasar sano y salvo.

Para que esto no pase con frecuencia debes tener claro los dos pilares de todo vendedor convencido: Como se hace y que dice.

Cómo se hace un vendedor convincente:

Lo primero que debe pensar el posible cliente al verte es: "esa es la persona en la que me gustaría confiar". Debes mostrar confianza, seguridad en ti mismo/a, sobre todo en la forma que camines y en cómo te vistes. Las personas deben ver el puro reflejo del éxito en cada botón e hilo que lleves sobre tu cuerpo. Y es que los mejores vendedores piensan hasta en los colores que visten. Incluso se han hecho muchos estudios acerca de la ropa que todo vendedor debería llevar, de los culés para mí son esenciales los siguientes elementos:

Para Hombres

* Traje de chaqueta azul marino o negro. (Evita el color gris)
* Corbata fina.
* Zapatos bien abrillantados.
* Cabello poco engominado. (No querrás que se distraiga mirando el brillo de tu cabello)
* Barba arreglada.
* Nada de collares, solo anillo si estás casado.
* Reloj de buena calidad, sino tienes, no te pongas ninguno.

Uno de los grandes errores de aquellos hombres que empiezan a ser vendedores desde una vida trágica, son los trajes no hechos a medida. Esta apariencia no ayuda a vender, ya que se da un aspecto sucio y pobre. Intenta que tu traje sea a medida o usa chaqueta americana y vaqueros, lo importante es que se te vea como alguien importante.

Para Mujeres

* -Viste colores eléctricos como el azul marino o el rojo burdeos.
* -Lleva un maquillaje suave, sin exagerar, sobre todo los labios.
* -Evita los escotes.
* -Lleva tacones para sentirte más alta que el cliente, así te oirá con más atención.
* -Porta una cartera donde quepan tus herramientas para presentar el producto, olvida los bolsos pequeños, debes destacar por encima de todas las mujeres.

He visto muchas mujeres que suelen coquetear con los clientes, esto puede perjudicarlas enormemente, lo mejor es ser profesionales y no dar pie a malos entendidos. Así que evita los trajes ajustados para no sentirte incomoda. Debes ser la viva imagen de la profesionalidad.

Qué dice un vendedor convincente:

Un vocabulario correcto y extenso es de suma importancia para un gran vendedor. Yo siempre pienso en los abogados que ganan casos extremadamente complicados y aun así convencen a un jurado que no ha tenido ni la misma educación, ni son de la misma clase social y, sin embargo, son capaces de convencerles y hacerles comprender aquello que está intentando transmitir.

¡Así debe ser el mejor vendedor del mundo! Alguien que tenga la capacidad de inspirar mediante sus palabras, de transmitir lo que piensa y siente con el producto que desea vender. Para ello es importante extender el vocabulario, leer, ver conferencias, escribir tus propias frases impactantes, copiar a los mejores, adaptarte a las tecnologías. Debes ser la mejor versión de ti mismo. El vendedor que siempre quisiste ser.

¿Cómo aprender nuevo vocabulario?

Internet es el mejor aliado de las mentes hambrientas. Te aconsejo ver películas de ventas, algunas de mis favoritas me enseñaron las mejores frases, como por ejemplo "El Padrino" y su estrategia de nunca decir "NO". También puedes aprender muchísimo de "El Lobo de Wall Street" y su impresionante guion para cerrar una venta telefónica o como crear la necesidad al cliente con la técnica de la "venta del bolígrafo". Y mi favorita, por supuesto, es el increíble filme "Jerry Maguire", donde se enseña la importancia de saber hacer un seguimiento correcto y no olvidar a ningún cliente, por pequeño que sea.

Así que busca, estudia, pero no demasiado. Apunta en tu agenda las palabras que vas a usar esta semana. Yo voy a darte algunas para que comiences a implementar en tu vocabulario de vendedor.

Algunas de las Mejores palabras/expresiones/frases que debe usar un vendedor:

41

[ ] Comprobado
[ ] Garantizado
[ ] Novedad
[ ] Primicia
[ ] Vanguardia
[ ] Exclusivo
[ ] Limitado
[ ] Oferta
[ ] Gratis
[ ] Irremplazable
[ ] Único pago
[ ] Irrelevante
[ ] Solución
[ ] Formidable
[ ] Inigualable
[ ] Inmejorable
[ ] 100% Reembolsable
[ ] Tal y como dicen los grandes líderes del mercado…
[ ] Como usted sabe hoy en día…

Te aconsejo que añadas algunas palabras que te gustaría comenzar a usar en tus ventas a esta lista. Marca también cuales sueles usar y aprende las restantes. Solo tienes que dibujar una **X** en las casillas [ ].

Cuando haces y dices como un vendedor convincente, pero quieren… ¡números!

A todo gran vendedor le ha pasado que ha creado el momento perfecto para la venta, lleva un traje a medida azul marino y ha utilizado su mejor baza de palabras. Cree que el cliente ya está convencido, de hecho, lo siente en todo su ser, pero entonces este pregunta sobre los resultados de otros clientes. Rompiendo todo el esquema de cierre de venta.

Muchas personas me han preguntado: ¿qué hago en ese momento, Jose?

¿Qué ocurre si uno de mis clientes es un conocido suyo? ¿Y si es mi primera venta y aun no tengo testimonios?

Bueno, todo gran vendedor tiene una respuesta comodín que sirve para estas dudas y es: Lo siento, pero eso es información confidencial, mis clientes son personas muy privadas que no desean que comparta sus resultados.

Esta respuesta es increíblemente mágica, ya que acabas de mostrar tu profesionalidad al cliente y además lo confidencial que eres. Es una buena frase estratega para causar curiosidad y además mostrar nuestro lado después de que sean nuestros clientes. Y es que, al dar tal respuesta, acabas de crear un muro invisible en que la persona se está preguntando como serás al ser su asesor de ventas, quiere saber qué trato reciben tus clientes. Así que di la respuesta con seguridad y magnetismo. Ya que nunca debes decir los resultados de otros clientes ni sus nombres, por el bien de tu negocio y de tu prospección.

Cuestionario: La Convicción del Vendedor

1. Describe la ropa que vas a utilizar a partir de ahora cada vez que quedes con un cliente:

    ____

    ____

    ____

    ____

2. Escribe la definición de las siguientes 3 palabras que todo vendedor debería usar:

    Irrelevante:

    ____

    ____

    Formidable:

    ____

    ____

    Inigualable:

    ____

    ____

3. Escribe 20 veces la frase que debes decir a todo cliente que te pregunte por los resultados de otros, para que salga de tu boca de forma automática y natural:

    ____

    ____

Este punto de venta se resume con las siguientes frases:

"El interés sostenido, madurado y aumentado, se convierte en convicción."

"El vendedor ofrece segundas oportunidades, pero el cliente no."
"Los dos pilares de todo vendedor: Como se hace y que dice."

"Lo primero que debe pensar el posible cliente al verte es: "esa es la persona en la que me gustaría confiar."

"Y es que los mejores vendedores piensan hasta en los colores que visten."

"Lo importante es que se te vea como alguien importante." "Debes ser la viva imagen de la profesionalidad."

"Un vocabulario correcto y extenso es de suma importancia para un gran vendedor."

"Alguien que tenga la capacidad de inspirar mediante sus palabras, de transmitir lo que piensa y siente con el producto que desea vender."

"Lo siento, pero eso es información confidencial, mis clientes son personas muy privadas que no desean que comparta sus resultados."

8
Sé un Vendedor clásico

¡Y cierra ventas con facilidad!

Aquellos que pienses que ser vendedor no está a la moda es porque están completamente ciegos o porque ni siquiera se dan cuenta de cómo acaban realizando cualquier tipo de compra.

A día de hoy, en plena era de la información, cualquier persona puede ser vendedor. Niñas de 10 años tienen cuentas de YouTube y lo único que deben hacer es abrir paquetes de juguete y enseñarlos a otros niños. Los adolescentes sueñan con ser YouTubers, pero lo que no saben es que lo que desean en realidad es convertirse en vendedores. Vender es parte del negocio de hoy en día, es la gran oportunidad a la que muchos aspiran. **Usar algo, enamorar al público y ganar una comisión por cada venta. Esa sería la definición tanto de un influencer, como la de un vendedor.**

Pero que todo el mundo venda hoy en día no significa que todo el mundo sepa hacerlo de forma correcta.

Y en esta tormenta de redes sociales, teléfonos inteligentes y transporte eléctricos, se ha perdido algo que a mí me encanta llamar El Vendedor Clásico, esa persona elegante que sabe convencerte de usar un producto por su presencia. Si llegas a adquirir el estilo clásico, serás totalmente imparable.

¿Cuál es el estilo de un vendedor clásico?

Es algo que se adquiere, para empezar. Creo firmemente en que **un vendedor nace a medida** que hace, es decir, adquiere con la práctica el mejor estilo de todos.

Las características de un vendedor clásico son las siguientes:

> •Enamorado del producto que representa.
> •Tiene una gran relación con el fundador de la empresa.
> •Comprende la compañía.

- •Destaca por su siempre elegancia.
- •Es el reflejo de sus clientes.

Para mí estos son los puntos que todo vendedor debería aprender para destacar por encima de los demás. Deshilemos uno a uno para que puedas adaptarlo a tu forma de venta. Enamorado del producto que representa

Ya hablamos de conocer los beneficios del producto que representas en el Capítulo 1 y vuelvo a mencionártelo porque esa enseñanza es el topping de este otro punto. Enamorarte del producto que representas significa usarlo, recomendarlo a tu círculo, estar orgulloso de él.

No hace falta aprender a mostrar amor por tu producto, es exactamente igual que amar a una persona, debe surgir de manera natural. Déjate llevar por lo que sientes y habla de ello con total libertad. **Decir lo que más nos gusta acerca del producto acercará al cliente a una experiencia parecida a la realidad virtual, donde le creas una visión totalmente realista basada en tu explicación**.

Lleva al cliente a un camino donde acabé enamorado del producto antes incluso de usarlo.

Tiene una gran relación con el fundador de la empresa

Cuando una persona se acerca a mí en mis seminarios y me dice: "Jose, no puedo vender tal producto, me cuesta enamorarme de él." Yo respondo sutilmente: "¿Has hablado con el Fundador?". Y sus caras se iluminan por que acaban de entender dónde estaban fallando.

Conocer al fundador o el CEO de la empresa que representamos es crucial para entender el producto. Saber cuál es su misión, por que creó los productos y quien es como ser humano. Hoy en día toda esa información está en las páginas webs, pero yo sigo creyendo en él cara a cara. De todas las empresas que he tenido el privilegio de estar, he conocido a la mayoría de los fundadores, he podido comer con ellos, entablar una conversación en la que he comprendido con mayor sabiduría que era aquello que realmente deseaban cuando crearon la empresa.

Yo lo veo tan importante como conocer al Dalai Lama, puedes buscar cientos de frases de el en internet, videos en YouTube de su gran filosofía, entrevistas, meditaciones, leer libros…pero el día que estás frente a él, sientes todo su calor humano, su comedia de una manera totalmente diferente y su sabiduría de una manera que jamás entendiste al simplemente leer una frase suya en Facebook. Así de intenso es conocer al fundador.

Infórmate cuando puedes reunirte con el fundador de tu empresa, hazte parte de su círculo de amigos. Si necesitas un nivel de ventas especifico en la empresa para poder conocerle y cenar con él, hazlo, enfócate en ello, ya que es sumamente importante que te enamores del producto.

Comprende la compañía

He visto demasiadas compañías fracasar por culpa de la incomprensión de sus vendedores. A veces suele ser culpa de las empresas al no ofrecer un entrenamiento correcto y otras es de los vendedores debido a que han decidido comprenderlo todo a su manera. Y esta actitud es un fracaso rotundo.

Para que lo comprendas mejor quiero que imagines a la recepcionista de un gimnasio, su misión es ser la cara amable, que todo aquel que desea perder peso y sentirse mejor consigo mismo, vea primero. Que esté acorde con las frases de motivación y el enfoque del lugar de sacar la mejor versión de ti mismo. Pero ¿qué pasaría si esa recepcionista fuera amable solo con las personas delgadas? ¿Y si tratara mal a los que acuden con sobrepeso y en búsqueda de esa ayuda que ofrecen? Que iría totalmente en contra de la misión de la compañía, atrayendo a los clientes equivocados. Entonces el gimnasio iría perdiendo clientes poco a poco y el fundador no tendría ni idea de que está pasando, sin pensar por un solo segundo que la recepcionista es desagradable con los clientes correctos. Evidentemente esto no solo perjudica a la empresa, también a la vendedora que está creando el estrago, ya que si no soluciona su incomprensión con la empresa que trabaja, acabará empezando de nuevo y culpando a la compañía.

Sabiendo esto, debes saber que quiere transmitir tu compañía. Apunta su misión, visión y valores y memorízalos como si fuera un examen de historia. Menciónalos en cada cita que tengas un nuevo cliente, muestra que eres la viva imagen de lo que representa tu empresa. Tu eres el o la recepcionista, lo primero que verán será a ti y al producto.

Destaca por su siempre elegancia

La ropa no es lo único que debe reflejar elegancia en un vendedor. La forma en que camina, se mueve o simplemente toma el té, es primordial para una venta. Como amante de las películas me gusta recomendar filmes donde hombres y mujeres son la viva imagen de la elegancia. Y eso es justo lo que voy a darte, una lista de películas que deberías ver para comprender como es una persona con gran porte y que debes aprender de ellas, además de que es un maravilloso ocio para tus dos horas diarias.

<u>Películas con personajes elegantes en los que inspirarse</u>

- *La Saga El Padrino -> Observa a Vito y a su hijo Michael.*
- *Memorias de una Geisha -> Fíjate en la ceremonia del té, es pura elegancia.*
- *El Diablo viste de Prada -> Copia el saber estar de Miranda Priestly.*
- *Up in the Air-> Aprender a ser elegante incluso al despedir.*
- *Abajo el amor -> Comprende cómo vestirte como mujer.*
- *Sabrina -> Culturízate para mantener una buena conversación.*
- *La Familia Jones -> Para familias que quieren aprender a vender.*
- *El Becario -> La relación con la fundadora es primordial.*
- *Princesa por Sorpresa -> Aprende de la abuela y los buenos modales.*
- *El lobo de Wall Street -> Observa como persuade a sus empleados.*
- *Joy -> Aprende a no perder los papeles.*
- *Working Girl -> Elegancia y sensualidad.*

Para mí este punto es como la instrucción que llevan las Geishas en Japón, aprenden todo de su "hermana mayor", como moverse, como servir el té y tocar el shamisen. La elegancia es parte de ellas a tal extremo que duermen sin despeinarse un solo cabello. **Así es un Vendedor Clásico, una persona que es elegante las 24h del día.**

Es el reflejo de sus clientes

Hay una famosa expresión que dice que los perros se parecen a sus dueños, pues en las ventas es igual, **los clientes se parecen a sus vendedores.** Son un reflejo de lo que les muestres y destaques del producto. Por ello debes aprender a utilizar esta carta a tu favor. Pregúntate que deseas que tu cliente diga sobre ti y el producto a sus círculos.

Es casi como educar a los hijos, si solo les muestras positivismo, ellos serán el reflejo de la alegría y jovialidad. **Así que enseña la mejor cara a tus clientes y recibirás lo mismo.**

¿Quieres que tus clientes obtengan buenas ganancias al invertir? Háblales de la gran comisión que recibirán y solo se centrarán en eso.

¿Deseas que tus clientes pierdan peso? Muéstrale tu testimonio y personas que ya lo lograron, se mantendrán enfocados.

¿Te gustaría que te recomendaran más clientes? Cuéntales del descuento que pueden recibir si lo hacen.

Otra gran ventaja es que podrás adelantarte a sus acciones, conocerás al cliente de tal manera que sabrás si es momento de venderle más, hacerle una visita o preguntarle referidos. Porque será tu propio reflejo, el de un vendedor clásico.

Cuestionario: Sé un vendedor clásico

(Ver respuestas correctas al final del Libro)

1. Define que es ser un vendedor clásico:

    ____

    ____

    ____

    ____

    ____

2. ¿Crees que un vendedor…?

    a)   Nace

    b)   Se hace

3. Escribe que es lo que más te enamora del producto que vendes:

    ____

    ____

    ____

    ____

4. ¿Quién es el fundador de la compañía que representas?

    ____

5. Obtén una cita con el Fundador o el CEO y vuelve a este capítulo para poner la fecha en que sucedió dicho encuentro:

6.	Escribe un momento en que no cerraste una venta por no transmitir correctamente el objetivo de la compañía. Y luego escribe una venta que se cerró gracias a comprender la misión de la empresa.

Venta no cerrada:_________________________________

____

____

____

Venta cerrada:___________________________________

____

____

____

7.	¿A qué tres actores vas a copiar su modelo de elegancia?

____

8.	¿Qué deseas que reflejen tus clientes?

____

____

Este punto de venta se resume con las siguientes frases:

"Usar algo, enamorar al público y ganar una comisión por cada venta. Esa sería la definición tanto de un influencer, como la de un vendedor."

"Un vendedor nace a medida que hace."

"Las características de un vendedor clásico son las siguientes: Enamorado del producto que representa, tiene una gran relación con el fundador de la empresa, comprende la compañía, destaca por su siempre elegancia y es el reflejo de sus clientes."

"Decir lo que más nos gusta acerca del producto acercará al cliente a una experiencia parecida a la realidad virtual, donde le creas una visión totalmente realista basada en tu explicación."

"Conocer al fundador o el CEO de la empresa que representamos es crucial para entender el producto."

"Debes saber que quiere transmitir tu compañía."

"La forma en que camina, se mueve o simplemente toma el té, es primordial para una venta."

"Así es un Vendedor Clásico, una persona que es elegante las 24h del día."

"Los clientes se parecen a sus vendedores."

"Enseña la mejor cara a tus clientes y recibirás lo mismo."

9
Ser un Vendedor de primera Clase

¡Desprende éxito y lujo!

La gran duda de muchos que empiezan a ser vendedores es: ¿Es bueno ir en primera clase, aunque no ganes suficiente aún? Mi respuesta es sí. Esta cuestión ha engendrado demasiados muros entre los vendedores ya que aún no ha habido una explicación clara y concisa. Para eso estás leyendo este libro, para resolver las dudas que nadie aun ha resuelto y así lograr tu vida mágica.

Dejar atrás todo lo trágico significa; no hacer aquello que te lleva a tener una vida que no deseas.

Hasta ahora se ha dicho siempre que fingir es mentir, lo cual estoy totalmente de acuerdo, pero yo no incito a fingir, yo quiero que te creas lo que vendes. Debes saber llegar al día de la venta sintiéndote grande, un vendedor con habilidad, un tigre, un lobo, un tiburón o un águila, un vendedor clásico y que sabe lo que hace. Pero para eso necesitas ir en primera clase, no sin apenas gasolina y con una camisa que tiene manchas del último café que te salpicaste sin querer. Eso no ayuda para la visión que el cliente tendrá para ti, ni para tu autoestima.

Los trágicos no cierran acuerdos de millones. Lo mágicos sí.

Imagínate por unos segundos que tienes que ir a París a cerrar un acuerdo millonario con un cliente de alta gama. Tienes dos opciones para ir a Francia, quiero que veas ambas perspectivas y como pueden repercutir tus elecciones en tus resultados.

Acciones trágicas

Adquieres un billete en clase turista a apenas con una diferencia de 3h antes de la cita. Una vez en el avión y acomodado, intentas abrir tu portátil para repasar tus apuntes, entonces tu compañero de vuelo te dice que necesita salir, cierras el portátil y le dejas pasar. Intentas centrarte, pero comienza a entrarte sueño, pides un café a la azafata. Tu compañero regresa y vuelves a cerrar tu portátil, pero no desesperas y le dejas pasar. Te sientas y vuelves a abrir el ordenador, la azafata viene con el café y el hombre de al lado pide unos snacks. Comienzas a repasar tus apuntes con el café en mano. Estás despierto, centrado en lo que vas a decir, cuando oyes que algo cruje, miras a tu lado y ves a tu compañero comer de forma apasionada su aperitivo. Inspiras hondo y te pones los cascos con algo de música clásica. Sigues repasando cuando sientes algo en tu espalda, un movimiento extraño, pero no le haces caso... ¡pum! Un golpe más fuerte y el café gotea sobre tu camisa. ¡Era la única que tenías para el viaje! Te levantas enfadado y miras atrás, un niño está jugando con su hermano pequeño dando patadas a tu asiento, como no puedes decir nada, terminas el café de un trago e intentas ir al baño...entonces se encienden las luces que informan que debes abrocharte el cinturón. La azafata te indica que tendrás que esperar, que hay turbulencias. Te sientas malhumorado e intentas repasar, entonces ves que algunas migas de snack de tu compañero cayeron sobre tu ordenador y está engrasado. Intentas dormir para que el vuelo sea más rápido, pero el poco espacio entre los asientos hace que sea imposible.

Cuando llegas a Paris debes coger el autobús que te llevará directamente al hotel donde tienes 1h para prepararte y enseñar la propuesta al cliente. Subes al bus y te lleva hasta el hotel, ha tardado 30 minutos. Sudas nervioso y no tienes donde ducharte, debes hacer la presentación tal y como estás, con manchas de café en la camisa y un portátil con restos de aceite. Definitivamente tendrás resultados trágicos.

<u>*Acciones mágicas*</u>

Adquieres un billete en primera clase. Llegarás 8h antes de la cita, así tendrás tiempo para repasar tranquilamente en el hotel. Te acomodas en tu asiento y una azafata se acerca para ofrecerte algo de beber, pides una copa de champan, quieres relajarte y decir tus meditaciones, incluso repasar tus apuntes sobre el perfil del cliente. La azafata vuelve con la copa y te pregunta si estás cómodo, asientes y esta se va. Entonces una música clásica suena en la cabina de primera clase, te sientes importante, como ese trato es para ti y te llena de orgullo saber que te mereces estar ahí sentado. Entonces una pequeña sacudida del avión provoca que el champan te salpique la camisa. Miras la mancha y te bebes lo que queda de la copa. Te levantas para limpiarla en el baño, pero la señal del cinturón se enciende. La azafata te pide amablemente que te sientes, lo haces y miras tu camisa. Piensas que no pasa nada ya que trajiste otra en la maleta. Así que te sientas y decides dormir. Al aterrizar en Paris tomas un Uber, tienes tiempo suficiente para llegar al hotel, ducharte e incluso repasar la presentación. Y así es, cuando llegas al hotel te tomas esa ducha bien merecida, tomas un tentempié saludable, repasas con gran precisión la presentación y bajas a la reunión resplandeciente. Definitivamente tendrás resultados mágicos.

Cuando pensamos de forma trágica nos sumergimos en una caja de problemas, todo parece realmente oscuro. En las dos escenas que te acabo de pedir que imagines, son muchas las decisiones que se han tomado. La primera es la hora de diferencia con la cita. La Acción trágica fue querer hacerlo todo rápido y en 3h, sin pensar en imprevistos, lo cual el segundo pudo contar con tiempo para estar mentalmente preparado. Luego está la camisa, tanto para uno como para otro, existía el riesgo de que se manchara, pero el primero estaba tan nublado con solo ir y vender, que no pensó más allá. Y lo mismo sucede con los asientos de clase turista y los de primera clase, en el primer rango te arriesgas a que te sucedan situaciones más trágicas debido a que estás sentado con personas que no van por negocio, por algo se llama "Clase Turista", mientras en la segunda situación, todo estaba centrado en estar tranquilos y enfocados en cerrar un negocio, por eso el nombre "Business Class".

Y esto nos lleva a la siguiente pregunta, ¿tengo que gastar más? No se trata de gastar más, sino de invertir lo que ganas. Como vendedor debes ir perfeccionando tus acciones y una de ellas es invertir en tu negocio. Cada vez que ganes dinero guarda un porcentaje del 10-20% para invertir en tu negocio, no lo toques hasta que sea necesario, así cuando tengas que hacer un viaje o invitar a un cliente, no temerás que te estás gastando todo tu dinero, sino invirtiendo aquel que puedes perder. Esta es la ley que todo vendedor debería aprender.

Posesiones de primera clase

En uno de los colegios privados más importantes de Europa se hizo una pregunta en la clase financiera a sus alumnos: ¿En qué creen que es más importante invertir? ¿En una casa o en un coche? La mayoría de los alumnos dijeron que, en un coche, ya que las personas podían verte en él y sentir que eras alguien que hacía dinero en su negocio. La casa quedó descartada ya que no tienes por qué invitar a tus clientes a comer. Aquella respuesta me dejó bastante impresionante, sobre todo viniendo de chicos de 15 años.

Entonces pensé en qué clase de posesiones debe tener un vendedor que desea una vida mágica.

El teléfono.
He tenido alumnos en mis seminarios que me decían que estaban cambiando sus pensamientos de trágicos a mágicos, luego pedían una foto y veía las pantallas de sus teléfonos rotos o como eran un modelo desgastado.

Parece algo de poca importancia, pero no lo es, el teléfono es hoy en día un complemento, al igual que un buen reloj, no solo una herramienta social. **Dime que teléfono llevas y te diré cuánto dinero tienes.**

Piénsalo, es lo primero que vas a sacar para citar a un cliente, para responder, hacer una foto del momento en que os acabáis de hacer socios, para mostrar tus últimas vacaciones…el teléfono es una de tus cartas de venta. Es una buena inversión, es una de las posesiones que todo buen vendedor debería tener.

La ropa.
Ya hemos hablado de ella en el capítulo seis, pero me gustaría dar un hincapié extra aquí. La ropa es extremadamente importante, es tu marca. Aun así, no debes obsesionarte con ella, pues muchos principiantes a vendedor compran una gran suma de prendas con la excusa de que están invirtiendo en su negocio, no seas como ellos. **Compra solo lo necesario, incluso toma un modelo que sea parecido, donde cambias camisas si eres hombre y chaquetas si eres mujer.** Piensa en Steve Jobs o en Mark Zuckerberg, llevan el mismo modelo de ropa, solo cambian algunos elementos, pero aquello ha diseñado sus marcas. Así que define tu estilo y síguelo.

Los elementos son necesarios, pero no primordiales. Tener un buen reloj no va a cerrar más ventas, te ayudará, pero no es la clave. Por ello permítete esa clase de lujo cuando tus ingresos aumenten considerablemente.

El maletín.
Tal y como he dicho antes, me gusta lo clásico, pero también adoro las nuevas tecnologías. Por eso recomiendo llevar la Tablet y el teléfono, que son algunas de las herramientas que uso en mis cierres, en una maleta o maletín elegante, vistoso y resplandeciente.

Me di cuenta de la importancia del maletín cuando me dije a mi mismo, que no quería ser esa clase de personas, que anda por ahí con una maleta desgastada y llena de hojas sin rellenar en búsqueda del próximo cliente. Así que me convertí en el hombre que llega a un lugar con orgullo, lleva una maleta de cuero y de ella saca solo su Tablet y su teléfono. Un minimalista productivo.

El transporte.
Hoy en día existen muchísimas opciones de transporte, la que yo recomiendo es la privada. Me encanta que me lleven, pero también conducir. Así que puedes elegir los coches privados, que están tan de moda hoy, así repasas tus apuntes y que luego te recojan en el mismo lugar. Es una sensación maravillosa salir de un coche de lujo y que no seas tú quien conduzca.

También puedes optar por tener tu coche o alquilarlo, la fuerza de un modelo de lujo te carga de energía positiva. Lo importante es que sepas que el transporte que uses causará un impacto en tu cliente.

Cuestionario: Primera Clase

1. Haz una lista de 5 acciones que te han hecho tener resultados trágicos hasta hoy:

*

*

*

*

*

2. Describe un momento en que tuviste resultados trágicos por culpa de decisiones trágicas. Luego describe como si hubieras tomado decisiones mágicas en su lugar y cuales hubieran sido los resultados:

Acontecimiento Trágico:

____

____

____

____

____

____

____

____

Transfórmalo en Acontecimiento Mágico:

____

____

____

____

____

____

____

____

3.   Nombra tus posesiones como vendedor de primera clase.

____

____

Este punto de venta se resume con las siguientes frases:

"Dejar atrás todo lo trágico significa; no hacer aquello que te lleva a tener una vida que no deseas."

"Los trágicos no cierra acuerdos de millones. Lo mágicos sí."

"Cuando pensamos de forma trágica nos sumergimos en una caja de problemas, todo parece realmente oscuro."

"No se trata de gastar más, sino de invertir lo que ganas."

"Cada vez que ganes dinero guarda un porcentaje del 10-20% para invertir en tu negocio."

"No temerás que te estás gastando todo tu dinero, sino invirtiendo aquel que puedes perder."

"Dime que teléfono llevas y te diré cuánto dinero tienes."

"El teléfono es una de tus cartas de venta. Es una buena inversión, es una de las posesiones que todo buen vendedor debería tener."

"Compra solo lo necesario, incluso toma un modelo que sea parecido, donde cambias camisas si eres hombre y chaquetas si eres mujer."

"Un minimalista productivo."

"El transporte que uses causará un impacto en tu cliente."

"Distingue a un vendedor de primera clase a uno de clase turista, es el primer segundo."

"Tu primer segundo puede ser la diferencia en que aquel cliente te compre hoy o se convierta en un "tengo que pensarlo."

10
Tip: El primer segundo

¡Puede definir toda tu venta!

Hay un secreto que todos los vendedores de vida mágica utilizamos y el cual te ayudará a convertirte finalmente en un vendedor de primera clase. Así que voy a hablarte de la importancia del primer segundo en que el posible cliente te ve. No son los primeros minutos, ni la primera hora, sino el primer segundo.

Esta técnica la comprendí la primera vez que fui a ver la Opera, había escuchado cientos de veces que en el primer segundo podías saber si te maravillaba o si solo te parecerían gritos inteligibles. Quería comprobar si era verdad, así que en cuanto el telón se abrió, en aquel segundo en que comencé a oír la Traviata, me enamoré por completo. Desde entonces amo la Opera, pero también comprendí que **lo que distingue a un vendedor de primera clase a uno de clase turista, es el primer segundo.**

El segundo en el que saludas, en el que sacas tu teléfono, sales del coche o simplemente sonríes, es de suma importancia. **Tu primer segundo puede ser la diferencia en que aquel cliente te compre hoy o se convierta en un** *"tengo que pensarlo"*.

Así que sé consciente de cada acción que hagas en tu primer segundo. Piensa si es una acción mágica o trágica.

11
El Compromiso no es un Mito

¡Debe ser tu realidad!

Hoy en día se habla del compromiso como si fuera una frase de éxito que publicar en las redes sociales, olvidándonos realmente de lo que significa estar comprometidos. Para mí es el oxígeno fundamental de todo vendedor. No existe ni una sola persona de éxito que no esté comprometida y tenga éxito, es imposible.

Debes ver el compromiso como el matrimonio, es una promesa que te haces a ti mismo y a la empresa que representas, ambos tenéis un acuerdo donde tú te comprometes a realizar acciones de venta a cambio de una cuantiosa cantidad monetaria.

Ahora bien, ¿cómo puedes saber si estás realmente comprometido? Mirando tus beneficios. Si estás ganando lo que deseabas desde que te iniciaste, estás cumpliendo tu compromiso, si no es así, necesitas observarte con lupa.

Examínate

Es muy fácil identificar a una persona comprometida, seguro que tú también sueles identificarlas. Por ejemplo, cuando ves a una persona que habla sobre el reciclaje y casi todo lo que compra viene envuelto en papel y no en plástico, esa es una persona comprometida con el medio ambiente. O esa madre que lee las etiquetas de cada producto que compra, es una mujer comprometida con la salud de su familia. Las acciones reflejan nuestro grado de compromiso. Así de simples y transparentes somos los humanos.

¿Qué acciones lleva a cabo todo vendedor que es comprometido?

Una de ellas es la adaptación de un camaleón, la cual es necesaria cuando los planes de alguien realmente se ven trastocados, un vendedor realmente comprometido jamás entra en pánico. Se detiene a resolver esa nueva incertidumbre y busca una nueva salida.

Otra acción que marca realmente la diferencia es **tener pasión sin obsesión**. Es una de mis favoritas, tanto que he estudiado a los mejores vendedores en búsqueda de esta característica, encontrando una serie de pautas que pueden ayudar a cualquier vendedor a ser apasionado, pero no obsesivo.

Luego está en **saber lo que se desea conseguir**. Un vendedor no puede ser como un niño, al cual le preguntas hoy que desea ser de mayor y su respuesta será totalmente diferente a la de dentro de un mes. Cada sueño necesita x tiempo para hacerlo realidad, por ello céntrate en el mismo cada vez que realizas una venta, siente como te vas acercando a cumplirlo.

Y por último tenemos la rutina, ya hablé de la importancia de la Agenda y de cumplir lo que está en ella. Pero la rutina es aún más importante, si cada día debes despertarte a cierta hora, eso significa que debe ser cada día, eres un emprendedor, un vendedor libre, no existen los fines de semana, ya cuentas con tiempo libre para ti, el cual muchos empleados no tienen, así que **sigue al pie de la letra tu rutina sin excepciones. La vida mágica no hace excepciones, si la mereces la conseguirás.**

Momentos en que necesitas ser un camaleón

- Si una cita cambia la hora y te trastoca las demás citas, debes aprender a priorizar a tus clientes. Comprende que aquel que no le ha dado importancia a tu tiempo, no se merece que tú hagas lo mismo. Mejor cítale para otro día.

- Si un cliente llega tarde es mejor que mantengas la calma y le menciones varias veces lo que se pierde al tener que aligerar la presentación del producto, así le causarás sentido de perdida y te posesionarás por encima de la persona.

- Si un cliente trae a un amigo sin haberte consultado, lo mejor es que le valores, piensa que puedes hacer dos clientes en una sola cita.

Momentos en que necesitas ser apasionado no obsesivo

- En el momento en que un cliente te dice que conoce un producto mejor, muestra pasión por lo que te cambió el producto que representas sin ser obsesivo e intentar desvalorar el del otro.

- Al hacer promociones y anuncios de nuevos productos, hazlos de forma estratégica, no envíes un mensaje general, es mejor que quedes con tus clientes para hacerles una muestra.

- En un cierre habla de varios temas a parte del producto, muestra que eres un humano, para ello culturízate, ten hobbies.

Momentos en que necesitas recordarte tu sueño

- Cuando alguien de tu círculo se compra algo nuevo, recuerda la vida mágica que deseas, todo el mundo puede poseer una nueva televisión, pero tú estás persiguiendo algo más grande, recuérdatelo a diario.

- En los días en que sientas que esa vida por la que tanto luchas a diario está a millones de kilómetros de ti, recuerda cuanto avanzaste y escribe un pequeño texto donde imagines como te sentirás cuando la alcances, todo parecerá más cerca.

Momentos en que necesitas recordarte tu rutina

- Sobre todo, en época de vacaciones, recuerda que eres dueño de tu tiempo y no tienes por qué adaptarte a lo que la sociedad te dicte, puedes ir al Caribe cuando quieras, pero que no modifique tu rutina.
- Cada mañana al despertar repasa lo que vas a hacer durante el día, mira cada acción como si fueran escalones que te llevan hacía tu vida mágica.

CONSEJO: El compromiso es algo que debería aprender todo el mundo, de hecho, te invito a que compartas este capítulo con aquellas personas de tu circulo que están en el camino de lograr sus sueños, pero aún no los han cumplido, es la falta de compromiso lo que las limita a llegar a la meta. Con este capítulo puedes cambiar sus vidas.

Déjame preguntarte…

La mejor manera de realmente saber si se está comprometido en vender es analizarse a uno mismo. En este capítulo ya te he mostrado las características de todo vendedor comprometido realmente, pero ahora quiero que te examines con una serie de preguntas que quiero que respondas cada 30 días empezando desde hoy. Así te harás un examen arduo en el que tendrás por seguro si tu compromiso es 100% o si ha cambiado a lo largo del mes.

Cada 30 días vuelve a este capítulo y responde las siguientes preguntas:

1. ¿Qué sueles hacer cuando un cliente cambia la hora de la cita?

2. ¿Qué le dices a un cliente cuando llega tarde?

3. ¿Cómo reaccionas cuando un cliente se presenta con un amigo sin consultarte?

4. ¿Qué haces cuando el cliente te habla de un producto de la competencia?

5. ¿Cómo promocionas los productos nuevos y las promociones?

6. ¿Qué temas sueles hablar antes del cierre?

7. ¿Qué te ha tentado a cambiar tus sueños? ¿Y quién?

8. ¿Cómo te sentirás cuando alcances tu vida mágica?

9. ¿Cuándo piensas irte de vacaciones?

10. ¿Qué acciones haces diarias para acercarte a tus sueños?

Saber si una respuesta es correcta reside dentro de nosotros mismos. **El ser humano tiene la capacidad de saber si está haciendo las cosas de manera correcta**, por eso es tan importante que te hagas estas preguntas cada 30 días, pues te analizarás a ti mismo con la precisión de un experto.

El Compromiso con el cliente

No debemos olvidar que como vendedores tenemos otro compromiso igual de importante que el de alcanzar nuestras metas y ese es el cliente. Por mucho que lleves una gran rutina, cumplas con tus propias exigencias y sepas cuál es tu lugar, sino estás comprometido al 100% con el cliente, tu trabajo será en vano. Así de cruda es la realidad. Debes aprender este punto pues tu éxito de vendedor depende de ello.

He oído muchas veces a algunos vendedores quejándose de que sus clientes les llaman por cualquier duda sobre el producto e incluso invitándolos a comer para poder hablar con sus amigos sobre aquella nueva alianza de vendedor-cliente, que se ha creado. Y curiosamente se han quejado con frases como "no tengo tiempo, ya le vendí, que me llame cuando quiera comprar más" o "que pesado, necesito ganar más dinero con nuevos clientes, no tengo tiempo para él". Esto es lo más erróneo que un vendedor puede hacer. Ya que sí que tienes tiempo para esa persona, ahora sois un "matrimonio empresarial".

Debes entender que tú eres el Soporte de tu cliente, aunque la empresa cuente con personas capacitadas para hacer ese trabajo, es en ti en quien han confiado por lo tanto tú debes resolver sus dudas. Sino el cliente sentirá que es solo un billete en tu bolsillo.

De hecho, si un cliente insiste en que le sigas asesorando después de la venta, debes aplaudirte, pues quiere decir que hiciste de manera extraordinaria el cierre y creaste un vínculo irrompible con aquella persona. Cada vez que desees venderle algo, tendrás más posibilidades de que te diga "sí". Así que trátalos de forma VIP, que sientan que son tus clientes favoritos.

Para ello reserva siempre en tu agenda de 1 a 2 horas al día por si algún cliente desea verte, así sentirá que estás disponible y no trastocará tu rutina.

Mide la Satisfacción

A parte de los clientes sumamente apasionados porque les asesores, recuerda aquellos que son más independientes. Estos, aunque estén silenciados están pendientes de lo que tengas que decirles. Por ello te recomiendo realizarles una encuesta mensual para saber qué tal les está yendo con la compra que te realizaron. Así lograrás que te pregunten sobre

cosas que no se atrevían y gracias a tu iniciativa puede que resuelvan la gran duda de seguir siendo tu cliente, además de sacarle referidos.

Encuesta para medir la Satisfacción del Cliente

1. ¿Cómo te sientes con el producto? ¿Te ha sido fácil usarlo en tu día a día?

2. ¿Tienes alguna pregunta sobre su uso?

3. ¿Alguna persona de tu círculo estaría interesada en usarlo también?

4. ¿Volverías a comprarlo?

5. Del 1-10 ¿qué puntuación le darías? ¿Mejorarías algo?

Te aconsejo enviar estas preguntas mediante email o WhatsApp, así el cliente podrá tomarse su tiempo para responder de forma tranquila, eso sí, avísale antes de que vas a enviarle una encuesta para que se sienta preparado e importante.

Ahora que sabes la importancia del compromiso, solo tienes que convertirla en una de tus mayores características como vendedor.

Cuestionario: El Compromiso no es un Mito
(Ver respuestas correctas al final del Libro)

1. ¿Cómo saber si se está realmente comprometido?
   a. Por los clientes
   b. Por los ingresos
   c. Por la agenda

2. ¿En cuál de los siguientes casos se debe ser un camaleón?
   a) Cuando el cliente habla de otro producto
   b) Cuando el cliente llega tarde
   c) Cuando el cliente te hace mil preguntas

3. ¿Cuál de los siguientes casos se muestra pasión y no obsesión?
   a) Al hablar solo del producto
   b) Al enviar invitaciones a probar cada nuevo producto
   c) Al contar testimonios sobre el producto

4. ¿Qué no hace nunca un vendedor comprometido?
   a) Seguir persiguiendo el mismo sueño
   b) Renovar sus sueños
   c) Llevar una rutina

5. ¿Cuándo es mejor tener vacaciones?
   a) 30 días al año
   b) Cuando no tenga otra cosa que hacer
   c) Soy libre, yo decido

Este punto de venta se resume con las siguientes frases:

"No existe ni una sola persona de éxito que no esté comprometida y tenga éxito, es imposible."

"Las acciones reflejan nuestro grado de compromiso." "La adaptación de un camaleón."
"Tener pasión sin obsesión." "Saber lo que se desea conseguir."
"Sigue al pie de la letra tu rutina sin excepciones. La vida mágica no hace excepciones, si la mereces la conseguirás."

"Comprende que aquel que no le ha dado importancia a tu tiempo, no se merece que tú hagas lo mismo."

"Causarás sentido de perdida y te posesionarás por encima de la persona. Puedes hacer dos clientes en una sola cita."

"Muestra pasión por lo que te cambió el producto."

"Al hacer promociones y anuncios de nuevos productos, hazlos de forma estratégica."

"Habla de varios temas a parte del producto." "Recuerda la vida mágica que deseas."
"Escribe un pequeño texto donde te recuerdes como te sentirás cuando la alcances, todo parecerá más cerca."

"Eres dueño de tu tiempo."

"Mira cada acción como si fueran escalones que te llevan hacía tu vida mágica."

"El ser humano tiene la capacidad de saber si está haciendo las cosas de manera correcta."

"Si no estás comprometido al 100% con el cliente, tu trabajo será en vano."

"Tú eres el Soporte de tu cliente."

"Reserva siempre en tu agenda de 1 a 2 horas al día por si algún cliente desea verte."

12
Ser el vendedor de la Empresa Correcta

¡Mide tu satisfacción como vendedor!

He tenido la suerte de poder compartir grandes momentos con otros vendedores de elite donde me han contado sus experiencias. Y curiosamente muchos de ellos coincidían en la importancia de estar en la empresa correcta, es decir vender lo que te inspira, no lo que te obligan.

Aquello me hizo recapacitar y preguntarme si las personas que desean tener éxito vendiendo tienen en cuenta si están en la empresa correcta, si venden de forma natural y si sienten que tienen su propio lugar allí donde se encuentran. Y curiosamente, tras una exhaustiva encuesta personal, me di cuenta de que no, que la mayoría no se encuentra totalmente augusto en las empresas en las que emprenden.

¿Por qué sucede esto? Por muchos factores, los cuales quiero mostrarte hoy.

Factores de una empresa correcta

La empresa que representas debe:

- •Contar con un producto que te motive.
- •Que te sea fácil de explicar.
- •El cual te satisfaga sus beneficios económicos.
- •Sientas que no hay límites.
- •Y te de la libertad que deseas.

73

Estos puntos son increíblemente importantes y son la clave que toda empresa debería seguir para mantener a sus vendedores de forma leal. Para que puedas tomarte tu tiempo de estudio, vamos a detallar cada uno.

Contar con un producto que te motive

Una vez más volvemos a los productos. Si una empresa no cuenta con productos que tú consumirías, no es un buen lugar para ti. Es importante que te identifiques y te encante el producto, de lo contrario el cliente sentirá que no estás siendo totalmente transparente. Así que examina bien lo que vendes.

Para que veas la magnitud del asunto, quiero que te imagines a una persona que vende salsa Habanera para carne asada, es comprometida, conoce que tipo de vendedora es, tiene varias reuniones con los fundadores y utiliza las herramientas de manera correcta, pero es vegana. Por mucho que haga bien las cosas, eso jamás le hará ser el vendedor correcto. Ya que cuando alguien le pregunte con que carne le gusta la salsa, ella dirá: "Soy vegana, solo la comí con champiñones." Lo cual hará que la venta sea un total fracaso y solo porque no está vendiendo el producto adecuado.

Así que es sumamente importante que conozcas bien los productos de tu empresa, tanto los que sueles vender de forma constante como los más marginados. Para ello he preparado las siguientes preguntas que serán de gran utilidad para ti. Por lo que toma una hoja y responde las cuestiones con total tranquilidad.

- ¿Con cuántos productos cuenta tu empresa?

- ¿Cuántos de ellos has vendido?

- ¿Cuáles no has vendido aún?

- ¿Por qué no te has atrevido a venderlos?

- ¿Te ves capaz de venderlos en la próxima cita?

Ponernos a prueba es parte del día a día del vendedor, así que te invito a que hagas exactamente eso. En tu próxima cita vende el producto que aún no has vendido o el que menos ingresos te ha generado. Si logras venderlo,

¡Felicidades! Los productos están dentro de tu estilo de vida, si no, vuelve aquí para continuar examinando tu empresa.

Que te sea fácil de explicar

Los profesores son unos de los mejores vendedores del mundo. Saben cómo convencerte de que aprender la raíz cuadrada o como se escribe un soneto te ayudará a tener éxito en la vida. Pero solo los mejores profesores consiguen algo así, aquellos que explican maravillosamente bien el temario. De hecho, un profesor de literatura jamás podrá explicar con la misma pasión con la que habla de Shakespeare que del teorema de Pitágoras, simplemente porque no les es igual de apasionante.

Por ello para saber si estás en la empresa correcta, escúchate, observa el rostro de tus clientes cuando les hablas del producto y de la empresa. Mira si sus ojos brillan de inspiración o si simplemente están oyendo sin realmente escuchar. Debe resultarte fácil si estás en la empresa correcta.

Para poder saber si te es fácil inspirar a otros a comprar, te aconsejo que te grabes la próxima vez que hagas una cita, así podrás saber si transmites con gran pasión el objetivo de la empresa y sus beneficios. Además, es un ejercicio maravilloso para perfeccionarte.

El cual te motive sus beneficios económicos

Todos los que decidimos un buen día ser vendedores, lo hicimos por los beneficios que esto conlleva. El dinero es uno de nuestros principales motores, por lo tanto, debe de ser una de las razones por las que seguir en una empresa o cambiar a otra mejor.

Sentirnos valorados es lo que hace que sigamos en una relación, en un lugar e incluso en compartir momentos familiares y en una empresa es exactamente lo mismo. **Debes sentir que te están pagando acorde a tu calidad de trabajo**.

Para saber si estás recibiendo lo que crees merecerte, debes saber responder a lo siguiente: ¿cuánto vales?

Parece una pregunta realmente fácil, pero te sorprendería la cantidad de personas que no saben responder. Primero se sorprenden por la pregunta, luego dudan y al final acaban respondiendo con un *"depende"* o *"no sé, ¿cuánto crees que valgo yo?"*. Es una respuesta que todo vendedor, que desea tener una vida mágica, debería saber.

Si quieres dejar de tener una vida trágica, debes empezar a poner precio a tu trabajo, de saber cuándo estás recibiendo lo que mereces, ya que nadie más que tú, luchará por tu sueño. Así que, ¿cuánto vales?

Siente que no hay límites

Si le dices a un niño que no puede abrir un regalo hasta después de una semana, este sentirá una horrible limitación que le puede hacer sentirse impaciente, maleducado e incluso desobediente. Y los adultos no hemos superado tal emoción. No nos gustan los límites, queremos tener siempre la sensación de que el cielo es el lugar más lejano al que podemos llegar. Por ello **pregúntate hasta dónde quieres llegar en tu empresa y si no hay nada que te lo impida, adelante.**

La empresa correcta debe abrirte camino a la cima, no ponerte trabas, ya que el beneficio sería mutuo.

Te de la libertad que deseas

La libertad es tu segundo cheque. Que tus ingresos sean sumamente enormes, pero tu tiempo libre casi inexistente, desequilibra la felicidad. Una vida mágica significa tener momentos para nosotros mismos, para desarrollar un hobby, para enamorarnos, para criar a nuestros hijos, para tener una comida saludable, para tomar una siesta, para ir a un spa…la empresa que representamos debe obsequiarnos con tiempo libre cada día. Y no hablo de 30 días de vacaciones al año, hablo de tiempo para desarrollarte como ser humano.

Si actualmente no cuentas con el tiempo libre que deseas, te aconsejo que hagas un cambio en tu agenda y veas si es posible con tu empresa actual.

¿Cómo encontrar a la empresa correcta?

Si tras leer este capítulo sientes que debes representar a otra empresa, te aconsejo que examines bien cada punto antes de tomar tal decisión. Y si aun así estás totalmente decidido/a, déjame guiarte en cómo encontrar esa empresa correcta.

Para empezar hazte la siguiente gran pregunta: ¿qué productos consumo? Examina tu nevera, los estantes de cosméticos, en que casa vives, que coche utilizas, las apps y empresas que adoras, los libros que lees… **observa cuales son los productos que están en tu vida diaria. Porque esos son los productos que debes vender.**

Déjame contarte una pequeña anécdota de una alumna que vino a uno de mis seminarios. Era una ama de casa de Londres que hacía menos de seis meses estaba realmente aburrida ya que se acababa de mudar con su marido a la capital de Inglaterra. Ella no tenía amigos, ni sabía a donde ir ya que no conocía a nadie, así que empezó a pasear en búsqueda de una nueva rutina, entonces encontró una pequeña Boutique donde vendían vinos de todos los países. Entró y curioseó, sin tener un gran conocimiento compró algunas botellas influenciada por la pasión con que el vendedor le hablaba de cada tipo de uva. Ya en casa sorprendió a su marido aquella noche con un vino tinto que enamoró a este. Al día siguiente fue a otra tienda y escogió uno nuevo. Su marido iba a traer a unos compañeros a cenar, así que les sorprendió a ellos también por el vino escogido. Al ver que no era solo su marido, sino cuatro personas más. En la noche comenzó a preguntarse qué clase de vinos había elegido, así que investigó en el mundo online. La sorpresa fue que no pudo dormir de la pasión que se despertó en ella ante la historia de cada botella, la forma de embotellado, de recolecta e incluso el corcho que usaban. Al día siguiente decidió hacerse profesional del mundo del vino comprándolo y vendiéndolo en su página web. Se hizo vendedora de algo que le apasionaba y

hoy en día tiene un exitoso negocio online de un producto que ama.
Encontró la empresa correcta y el producto, así de fácil.

Ahora ve y busca ese producto que disfrutarás de compartir cada día.
Si ya lo estás haciendo, continua hacía una vida mágica.

Cuestionario: Ser el vendedor de la Empresa Correcta

1. Escribe sobre el producto o los productos que
    representas:

    ____

    ____

    ____

    ____

    ____

2. Pon una cifra económica al valor que crees tener:

    ____

    ____

3. ¿Hasta dónde quieres llegar profesionalmente en tu
    empresa?

    ____

    ____

4. ¿Qué sueles hacer en tu tiempo libre?

    ____

    ____

5.   Si te dieran la posibilidad de vender otro producto,
        ¿cuál sería?

        ____

        ____

Este punto de venta se resume con las siguientes frases:

"Vender lo que te inspira, no lo que te obligan." "La empresa que debes representar debe:

- Contar con un producto que te motive.
- Que te sea fácil de explicar.
- El cual te motive sus beneficios económicos.
- Sientas que no hay límites.
- Y te de la libertad que deseas."

"Si una empresa no cuenta con productos que tú consumirías, no es un buen lugar para ti."

"Es sumamente importante que conozcas bien los productos de tu empresa, tanto los que sueles vender de forma constante como los más marginados dentro de tu cartera de clientes."

"Escúchate, observa el rostro de tus clientes cuando les hablas del producto y de la empresa."

"Debes sentir que te están pagando acorde a tu calidad de trabajo."

"Para saber si estás recibiendo lo que crees merecerte, debes saber responder a la siguiente pregunta: ¿cuánto vales?"

"Nadie más que tú, luchará por tu sueño."

"Pregúntate hasta dónde quieres llegar en tu empresa y si no hay nada que te lo impida, adelante."

"La libertad es tu segundo cheque."

"Observa cuales son los productos que están en tu vida diaria. Porque esos son los productos que debes vender."

13
Aprende a Predecir

¡Ahorrarás tiempo y ganarás más dinero!

Predecir es la gran palabra que usan muchos vendedores sin explicar al detalle que significa realmente ser un vendedor que sabe predecir y sobre todo como se hace. Curiosamente la palabra Predecir se define como: Anunciar un hecho futuro por intuición, suposición, adivinación, etc. Algo totalmente fantasioso y que no tiene nada que ver con la realidad.

Para aprender a predecir debemos tener claro que significa para un vendedor. Yo lo defino de la siguiente manera: **Predecir es saber qué tipo de cliente tienes delante y saber si comprará.**

En el capítulo 2 ya segmentamos a los clientes por clase social y edad, pero en este punto voy a hablarte de saber identificar las acciones de tus clientes dependiendo de quienes son, es decir, catalogarlos.

Para empezar, existen cuatro tipos de clientes:

- •El cliente Pitbull.
- •El cliente de acero.
- •El cliente sin control.
- •El cliente mirón.

No busques más. Si aprendes a identificar a estos cuatro clientes serás un vendedor totalmente imparable. Cuantas más citas hagas y más ventas cierras, verás cómo te convertirás en un vendedor que sabe predecir de verdad.

Ahora empecemos por el primero, El cliente Pitbull.

El cliente Pitbull

Esta clase de cliente suele ser una persona que le importa el aspecto físico, mostrar lo sano que es su estilo de vida. Suelen ser hombres que se ejercitan o mujeres que se maquillan de forma extrema.

A los clientes Pitbull les encanta los productos que les haga sentir más hermosos. Así que si quieres respuestas positivas por su parte, elógiales, háblales de tu vida sana, preguntarles sobre qué productos suelen tomar o qué ejercicios hacen para ejercitarse, luego muestra lo mucho que les gustaría tu producto. Las mejores frases que puedes usar con este tipo de clientes son:

•**Es el mejor producto del mercado**: Esta frase les producirá la posibilidad de tener un producto que presumir ante sus conocidos.

•**Actualmente lo usan los mejores del sector**: Al ser alguien a quien le gusta presumir, querrá lo que todos llevan.

•**Es edición limitada**: Cuando digas esta frase, puede que quieran más de uno, ya que no hay nada como un presumido con algo limitado en sus manos.

El cliente de acero

Este es uno de mis clientes favoritos. **Si vendes a un cliente de acero, te garantizarás un cliente de por vida.** Son bastante difíciles de convencer, les encanta preguntar sobre el producto y sus beneficios. Si ves a una señora agarrada a su bolso o a un hombre con las manos en los bolsillos mientras le hablas del producto, ese es un cliente de acero. Pero en realidad lo que quieren es que rompas su coraza y les convenzas para comprar, una vez que lo haces cumplen su palabra.

Las frases de venta que pueden romper ese escudo son:

•**Si en 30 días no te funciona**, puedes devolverlo: Esta frase puede romper todas sus dudas, pues sólo debe comprar para comprobar si los beneficios que le prometes son reales.

•**Según lo que me has contado**, es perfecto para ti: Al cliente de acero le encanta ser escuchado y tenido en cuenta, quiere sentir que no solo eres un vendedor, por ello esta frase tiene tantos buenos resultados.

•**De aquí a una semana notará los resultados**: Darle un tiempo a este tipo de cliente es perfecto, pues les estás garantizando los beneficios con fecha incluida.

El cliente sin control

Este tipo de cliente es muy común a la hora de cerrar una venta. El cliente sin control es esa persona que necesita consultarle a alguien si va a decidir comprar o no. Puedes identificarlos por personas que hablan inseguras, miran el móvil o hablan mucho de su pareja ya que es la que toma las decisiones. Para cerrar la venta a un cliente sin control debemos ser sumamente estratégicos en nuestras palabras.

La estrategia que usaremos será convencerle de que la otra persona va a agradecer su toma de decisión con las siguientes frases:

- •Este producto les cambiará la vida a usted y a su pareja: Con esta frase le estamos tranquilizando al confirmarle que será algo bueno para el cliente y su compañero/a de vida.

- •Es el mejor precio del mercado: Al decir esto la persona entrará en pánico al pensar en perder tal oportunidad y disgustar a su pareja, así que lo comprará para no equivocarse.

- •Me quedan muy pocos: Esta frase es una de mis favoritas para este tipo de cliente, ya que este ya tiene pensando contarle a su pareja sobre el producto y temerá decirle que tal vez ya no queden más.

83

El cliente mirón

Para este último recomiendo una gran paciencia, pues **el cliente mirón al principio parece que no está interesado en otra cosa que en revisar el producto, la página web, reseñas en internet e incluso te hará preguntas antes del día de la cita**. Pero es un cliente que si sabes venderle, te recomendará a sus conocidos, los cuales saben lo exigente que es siempre con los productos. Suelen ser personas que hablan poco, excepto para soltar alguna duda o exigencia.

Para cerrar la venta de un cliente mirón hay que convencerle con frases que le den confianza como las siguientes:

•**Es tal cual te he explicado**: Al tener la necesidad de sentirse seguros con las compras que realizan, desean que el producto sea como se explica en la caja o en la web.

•**A mí me encanta usarlo**: Los clientes mirones quieren saber si también lo usas, ya que para ellos un buen producto es utilizado por sus mismos vendedores.

•**Si encuentras algo mejor, enséñamelo:** Desafiarlos es algo que les encanta y a la vez les transmites la confianza que tienes en tu producto.

Predecir es un hábito

Como todo buen factor que debes aprender para ser un vendedor que se dirige hacía una vida mágica, **debes convertir la predicción en parte de tu día a día**. Es decir, cada vez que vayas al supermercado, a ver una película o a salir a correr, identifica a las personas de tu alrededor, define qué tipo de clientes son y así te serás más fácil acercarte a ellas y poder venderles.

Es como si estas te dieran su lista de prioridades y objetivos antes incluso de que te digan "hola". Estarás jugando con un as sobre la manga y se sentirán realmente conectados a ti, pues tendrán la sensación de que por fin un vendedor les escucha y no solo busca venderles.

La mejor manera de convertir la predicción en un hábito es apuntar en tu agenda a aquellas personas que te gustaría hacerles clientes y dividirlas en los cuatro tipos, así tendrás listas las frases que usar en el momento del cierre.

Cuestionario: Aprende a predecir
(Ver respuestas correctas al final del Libro)

1.   Escribe la definición correcta de Predecir:

____

____

2.   ¿Qué cuatro tipos de clientes debes aprender a predecir?

____

____

3. ¿Cómo se llama el cliente que debe consultar a otra persona?

____

4.   ¿A qué cliente le gusta la garantía de 30 día?

____

5.   ¿Cuál es el cliente que compra para presumir?

____

6.   ¿A qué cliente debemos retar?

____

7.   Haz una lista de 10 personas que ya has predicho que tipo de clientes son:

____

____

____

Este punto de venta se resume con las siguientes frases:

"Predecir es saber qué tipo de cliente tienes delante y saber si comprará."

"Para empezar, existen cuatro tipos de clientes:

- • El cliente Pitbull.
- • El cliente de acero.
- • El cliente sin control.
- • El cliente mirón."*

"A los clientes Pitbull les encanta los productos que les haga sentir más hermosos."

"Si vendes a un cliente de acero, te garantizarás un cliente de por vida."

"El cliente sin control es esa persona que necesita consultarle a alguien si va a decidir comprar o no."

"El cliente mirón al principio parece que no está interesado en otra cosa que, en revisar el producto, la página web, reseñas en internet e incluso te hará preguntas antes del día de la cita."

"Debes convertir la perdición en parte de tu día a día."

"La mejor manera de convertir la predicción en un hábito es apuntar en tu agenda a aquellas personas que te gustaría hacerles clientes y dividirlas en los cuatro tipos de clientes."

— SEGUNDA PARTE —

Ser un Vendedor del Siglo XXI

Internet es un mundo fascinante. El nuevo lugar para las grandes oportunidades y donde puedes ser quien desees ser. En un universo online un cantante puede reinventarse, ponerse a la moda o un escritor conseguir llamar la atención de sus lectores leyendo su propio libro.

Es decir, es una herramienta en la que podemos entrar en contacto con los clientes de manera directa y personal, pero debemos conocer los límites. Lo que se debería hacer y lo que no en internet como vendedores.

Para comprender mejor los límites de internet me gusta el maravilloso ejemplo de la película Up in the Air, en la cual el protagonista se encarga de despedir a personas y hacerles así un camino más ameno hacia nuevas oportunidades empresariales. Sin embargo, la trama se ve interrumpida por una joven cuyo objetivo es la virtualización del proceso, hacer por medio de video-llamadas los despidos. Este es un gran ejemplo de lo que no debe hacerse a través de internet, pues el humano siempre necesitará en ciertos momentos sentir a una persona cerca, no a una pantalla. Somos sociables por naturaleza, por eso inventamos internet, para seguir socializándonos y creando nuevos contactos.

Por ello debes entender que utilizar herramientas online debe ser un pilar de tu negocio y eso es justo lo que vas a aprender en la segunda parte de este libro.

14
Vendedor del Siglo XXI

¡Haz la tecnología tu aliada!

Si buscaras en google la frase "Vendedor del Siglo XXI" te sorprendería la cantidad de artículos que existen con este término. Yo mismo me sorprendí de los resultados y aún más de la poca información que existe acerca del término. Por ello me puse en búsqueda de quienes son los mejores vendedores de nuestros tiempos, encontrando a YouTubers, marketeros, escritores, fotógrafos…sorprendentemente las ventas han cambiado hacía un lado más personal, donde no solo representas a una empresa, sino que vendes tu talento de forma personal e increíblemente artística.

Por lo que sabiendo esto, me pregunté a mi mismo como tomar toda esa maravilla de pasión, que se necesita para vender hoy en día, y así definir como ser un vendedor del siglo XXI y lo que descubrí fue realmente interesante.

Para empezar, no hace falta ser joven para ser un vendedor del siglo XXI, da lo mismo a que generación pertenezcas, solo debes tener en cuenta que la edad no determina tu éxito como vendedor, sino tu profesionalidad.

¿Cómo se definiría un Vendedor del Siglo XXI?

Un vendedor del siglo XXI es alguien intuitivo, rápido, social, aprendiendo constantemente y que sabe lo que está de moda.

Si se combina esta descripción con lo que has aprendido en el capítulo del Vendedor Clásico, te aseguro que serás un profesional como nunca se ha visto.

Ahora bien, ¿cómo conseguir cada punto que define al vendedor de este siglo? Con la maravillosa herramienta de internet.

En los siguientes capítulos vamos a entrar en varias secciones dirigidas a las ventas y el mundo online, pero por ahora aplanemos el terreno para que puedas empezar a convertirte en un vendedor rápido y actual.

Ser Intuitivo y Rápido

¿Alguna vez le has dado a un niño un teléfono móvil y ha sabido encontrar la aplicación de YouTube? ¿O has visto una niña diciéndole a Siri que quiere ver una serie de dibujos animados? Esos niños son intuitivos, han nacido con la tecnología en vez de con sonadores. Saben para que sirven los dispositivos inteligentes, nadie les ha enseñado, solo han observado.

Es justamente a eso a lo que tienes que aspirar. Pues no hay nada más ridículo que un vendedor lento con los dispositivos. Debes saber manejar tu laptop, tu Tablet y tu teléfono, así el cliente no se sentirá distraído al ver tu lentitud.

Otra gran costumbre que debe tener todo vendedor del siglo XXI es la capacidad de búsqueda. Si un cliente se cuestiona un ingrediente o una estadística acerca de tu producto, lo mejor es que la busques en google o en Wikipedia. Hoy en día son los mejores diccionarios. Si una persona ve algo en internet, se lo cree. Así que no dudes en buscar cuando veas que el cliente duda, incluso ten preparadas algunas páginas para mostrarle.

Y por favor, ¡no imprimas las páginas ni la información! No hay nada tan antiguo como un vendedor en pleno siglo de la tecnología con hojas de una web impresa. Haz todo lo posible por que todo sea digital. Simplemente guarda el enlace web o haz una captura de pantalla.

Ser Social

La definición de ser social ha cambiado completamente en la nueva era. Hace 30 años nos referíamos a ir a fiestas, tener amigos con los que salir el fin de semana o participar en alguna ONG. Pero hoy en día nos referimos a tener presencia en las Redes Sociales, y aunque de esto vamos a hablar al detalle más adelante, te adelanto que ser social significa tener una vida online.

Es decir, contar con perfiles en las redes sociales que más te gusten. En mi caso recomiendo tener:

- •Página en Facebook.
- •Instagram.
- •Twitter.
- •YouTube.
- •LinkedIn.
- •Pinterest.

Hay muchísimas más redes sociales, pero estas son las que recomiendo ya que muchos vendedores tienen cuentas en cada red social, pero presencia profesional en ninguna. Así que selecciona de dos a cinco. Depende en la edad de tus clientes, para que te sea más fácil decidirte aquí te muestro que redes sociales se usan según la edad del público:

Redes Sociales	Edad
Facebook	45-64
Instagram	16-34
Twitter	25-44
YouTube	16-44
LinkedIn	45-64
Pinterest	25-44

Aprendizaje Constante

Hoy aprender es más fácil. Simplemente haces una búsqueda en YouTube y en menos de 10 minutos puedes saber los mejores trucos para mantenerte motivado o como hacer un buen cordero sin que se seque. Lo que sea que quieras aprender, está al alcance de una simple búsqueda.

Y es que el aprendizaje constante es una herramienta realmente útil cuando tenemos que reunirnos con un cliente que tiene un hobby del que sabemos poco. Una simple búsqueda y tomar algunos apuntes puede marcar la diferencia en nuestro cierre y conseguir una venta nueva.

A la Moda

Hace poco terminé la nueva temporada de Grace y Frankie en Netflix y me llamó la atención que, en uno de los capítulos, uno de los personajes quedaba totalmente ridiculizado por sus compañeros más jóvenes por no conocer a una famosa cantante del momento, perdiendo el respeto de los demás.

Esto me hizo pensar en lo importante que es estar actualizado. Saber que le gusta a la nueva generación, cuales son las películas que están de moda, la música que cambia el mundo y los nuevos artistas. Esto no solo te permitirá poder entablar conversación con cualquier persona sin importar su edad, **estar a la moda ejercitará tu mente y además conocerás nuevos estilos que nunca creíste que existían.**

Así de fácil es ser un vendedor del Siglo XXI.

Cuestionario: Ser un Vendedor del Siglo XXI

1. ¿En qué Redes Sociales estás actualmente activo/a?

____

____

2. ¿Qué búsquedas puedes hacer en google que tengan que ver con tu producto?:

____

____

3. ¿En qué Red Social están tus clientes según su edad?:

____

____

4. Escribe sobre aquellas pasiones que tienen tus clientes y de las cuáles no tienes conocimiento:

____

____

5. ¿Qué está a la moda según internet hoy?:

____

____

Este punto de venta se resume con las siguientes frases:

"La edad no determina tu éxito como vendedor, sino tu profesionalidad."

"Un vendedor del siglo XXI es alguien intuitivo, rápido, social, que aprende constantemente y sabe lo que está de moda."

"Si una persona ve algo en internet, se lo cree." "Ser social significa tener una vida online."

"Muchos vendedores tienen cuentas en cada red social, pero presencia en ninguna."

"Y es que el aprendizaje constante es una herramienta realmente útil cuando tenemos que reunirnos con un cliente que tiene un hobby del que sabemos poco."

"Estar a la moda ejercitará tu mente y además conocerás nuevos estilos que nunca creíste que existían."

15
Cómo usa un vendedor internet

¡Sin sentirse frustrado!

Hay mil maneras de usar internet como herramienta de venta, es el boom actual. De hecho, muchísimas personas se han convertido en vendedores expertos que ayudan a otros vendedores a vender. El mercado está actualmente saturado de tanta información, por eso en este capítulo respondo a la pregunta que muy pocos han conseguido resolver.

¿Cómo se vende de forma online?

Hace poco un vendedor me envió un mensaje privado para venderme su producto. Miré lo que ofrecía y me horroricé por como tenía su Marca Personal, es decir cómo se presentaba al mundo online. Así que le di un par de consejos que han cambiado totalmente su negocio, los cuales voy a ofrecerte a ti ahora mismo.

La Marca Personal

Es nuestro Documento de Identidad, **nuestro número de seguidores determinará nuestro éxito como persona social**. Es decir, lo popular que eres en tu mundo. Hoy en día es más fácil ser famoso, haces un video de motivación que se vuelve increíblemente viral o instruyes a tus hijos en directo.

Todo lo que hagas en tus redes sociales va a afectar tus resultados como vendedor.

Para que entiendas la importancia de lo que acabo de decirte déjame ponerte el siguiente ejemplo: *Digamos que vendes productos nutritivos y hablas de llevar una vida sana, llena de alimentos nutritivos y deporte. Entonces quedas con un cliente para hacer el cierre y unos días antes este te busca en Facebook. ¿Y qué encuentra? Al vendedor que le vende salud, bebiendo en fiestas donde no hay ni evidencia de comida sana.*

Las redes sociales son tu otro escaparate, es tan importante como el de la vida cotidiana, ya que las personas suelen hacer perfiles de otros solo viendo sus fotos y examinando lo que comparten.

Como vendedor y emprendedor de éxito tomo muy en cuenta las imágenes que comparten los demás y me pregunto a mí mismo si me inspira lo que dice y muestra esa persona. Si la respuesta es afirmativa, significa que está realizando de manera extraordinaria su trabajo.

El poder de la Página

Aún me sorprende la cantidad de vendedores que van a mi seminario y me dicen: "Te pedí solicitud en Facebook y no me aceptaste". Es como si volviéramos al 2004, cuando se fundó la red social y aun no existía la posibilidad de tener una página de Facebook profesional.

Un perfil no es realmente profesional para hacer negocios, está lleno de límites y además su visualización es totalmente creada para personas del mundo cotidiano.

Si cuentas con una página, tus futuros clientes te pueden encontrar buscando #emprender o con el nombre del producto que vendes, si es que creas una buena posición en internet.

Ahora bien, ¿qué ocurre si ya tengo un perfil? Debes usarlo como puente. Todos empezamos siendo perfiles, por lo que la mejor estrategia es usarlo como conducto a la venta. Agrega y acepta a aquellas personas que tengan posibilidades de convertirse en tus clientes y luego enviadas a tu página profesional para que conozcan tu producto.

Ten un Equipo

Todo emprendedor pasa por esa etapa en la que cree que puede realizarlo todo. Que puede ser la secretaria de su propio negocio, el consejero, el motivador y el chico del correo. Pero no es así, aunque queramos cosas mágicas, no significa que seamos genios y tengamos la habilidad de hacerlo todo a la vez. Por eso yo aconsejo lo que todo vendedor millonario tiene, un equipo detrás de sus acciones.

Si quieres tener tiempo para ti y dinero, te aconsejo que contrates a una Agencia de Marketing o a un grupo de *Freelancer* que publiquen y administren tus redes sociales. Busca expertos que comprendan el mensaje que deseas transmitir al mundo y haces trabajar para ti.

Esta parte es realmente importante, ya que tu tiempo de vendedor y de persona libre, dependerá de cómo administres a tu equipo.

En mi caso cuento con una agencia que comprende los resultados que requiero cada mes, pero para ello tuve que hacer una lista exhaustiva de las cualidades que se necesitaban para formar al equipo perfecto y que comparto contigo aquí:

•**Motivación**: El equipo debe estar motivado, cada vez que vayas con una idea ellos deben recibirla como la mejor del mundo y llevarla a cabo como si fuera lo único que tienen que hacer durante el día. Tú debes ser su prioridad.

•**Actuales**: Busca una agencia que sea profesional en varias redes sociales, que conozca los trucos de cada una, así te aseguraras estar a la orden del día en cada una de ellas.

•**Conocimiento**: Es primordial que conozcan bien el producto que vendes, ya que serán ellos los que responderán a las preguntas de soporte. Entrénalos como si fueran tu equipo de vendedores personales.

Con la motivación, la profesionalidad y el conocimiento perfecto, tendrás la marca personal perfecta para vender online.

En los Inicios

Llegados a este punto muchas personas suelen pensar en el dinero que pueden invertir. Si eres un principiante y aun ni siquiera comenzaste a ganar dinero, te aconsejo empezar por una única red social y salir ahí fuera a vender. No te enfoques solo en internet, ya que el mundo online es una herramienta más, las verdaderas ventas están fuera, en el mundo real.

En el caso de que seas un vendedor que ya obtiene sus beneficios, te aconsejo que vuelvas al capítulo 8 donde explico sobre invertir en uno mismo y la importancia de ir en primera clase.

Ya que tener tu propia Agencia de Marketing es ir en *"Business Class"*. Piensa en todas esas personas famosas que sigues, cantantes, actores, fotógrafos, emprendedores. Sus vidas están en cada red social, periódico e incluso televisión. ¿Realmente crees que envían a cada lugar las palabras que se deben compartir y publicar? Por supuesto que no, tienen personas que se encargan de ello y tú necesitas a un equipo también. Ten tu propia Agencia de Marketing. Busca las cualidades necesarias para sentirte cómodo sabiendo que dirigen tu marca personal y ocúpate en ser un vendedor que va hacía su vida mágica.

Añade a tu Agenda

Cómo parte importante de tu negocio, te aconsejo añadir a tu agenda cuanto tiempo dedicar a las redes sociales. Todo depende de cuánto deseas involucrarte en el mundo social, es decir; ¿qué efecto quiero causar?

Conozco a muchos vendedores que venden sus productos a través de un blog u otros con un simple comentario, por lo que todo depende de que deseas realmente hacer.

Para que te sea más fácil he creado una serie de tiempos dependiendo de qué vas a hacer en redes sociales. **Recuerda que tu equipo se encarga de la administración de la marca, pero del cierre de**

cliente debes encargarte tú, ya que no existe mejor vendedor en el mundo.

•**15 minutos al día:** Esto es solo para aquellos que desean utilizar las redes sociales como medio de información, como si fuera un periódico. De hecho, es perfecto para mantenerse informado y utilizar lo leído en las conversaciones previas al cierre. Te aconsejo buscar lo que les interesa a tus clientes, e incluso si te siguen o son tus amigos, mira aquello que les gusta, así te asegurarás de estar informando de algo que les interesa.

•**30 minutos al día**: Es lo que necesitas para contestar comentarios. Esta es una venta maravillosa. He visto muchos anuncios en Redes Sociales sobre pérdida de peso y a vendedores **que han escrito en comentarios aprovechando la inversión del competidor para atraer a los prospectos que dudan del efecto del producto publicitado**, curiosamente tiene un gran efecto positivo.

•**1 hora a la semana**: Para aquellos que desean mantener un blog y hablar sobre sus productos, su misión e incluso de la vida mágica que desean, les aconsejo un blog, allí podrán desarrollar sus habilidades de escritores y además mostrar su lado más humano. Muchos clientes me han felicitado por mi blog, ya que le acercaba a mi lado más humano, como si supieran algo más sobre mí.

Todo el tiempo restante que pierdas en las redes sociales, no es más que dinero y tiempo que jamás volverá a ti. Así que adminístralo de manera correcta, ponte una alarma para que te avise cuando debes parar de tener una vida online y seguir con la real.

Cuestionario: Cómo usa un vendedor internet

(Ver respuestas correctas al final del Libro)

1. Define que significa la Marca personal:

____

____

____

____

2. ¿Qué es más efectivo?
    a. Pagina Social
    b. Perfil Social

3. ¿Qué tres características debe tener tu Agencia de Marketing?

____

4. ¿Cuánto tiempo vas a dedicarle a las Redes Sociales?

____

Este punto de venta se resume con las siguientes frases:

"Nuestro número de seguidores determinará nuestro éxito como persona social."

"Todo lo que hagas en tus redes sociales va a afectar tus resultados como vendedor."

"Las redes sociales son tu otro escaparate, es tan importante como el de la vida cotidiana."

"Un perfil no es realmente profesional para hacer negocios."

"Si cuentas con una página, tus futuros clientes te pueden encontrar buscando #emprender o con el nombre del producto que vendes, si es que creas una buena posición en internet."

"Agrega y acepta a aquellas personas que tengan posibilidades de convertirse en tus clientes y luego enviadas a tu página profesional para que comer tu producto."

"Aconsejo lo que todo vendedor millonario tiene, un equipo detrás de sus acciones."

"Si quieres tener tiempo para ti y dinero, te aconsejo que contrates a una Agencia de Marketing."

"El equipo debe estar motivado, cada vez que vayas con una idea ellos deben recibirla como la mejor del mundo."

"Te aseguraras estar a la orden del día en cada una de ellas."
"Entrénalos como si fueran tu equipo de vendedores personales."

"Con la motivación, la profesionalidad y el conocimiento perfecto, tendrás la marca personal perfecta para vender online."

"Si eres un principiante y aun ni siquiera comenzaste a ganar dinero, te aconsejo empezar por una única red social y salir ahí fuera a vender."

"Tener tu propia Agencia de Marketing es ir en "Business Class".

"Tu equipo se encarga de la administración de la marca, pero del cierre de cliente debes encargarte tú, ya que no existe mejor vendedor en el mundo."

"15 minutos al día: perfecto para mantenerse informado y utilizar lo leído en las conversaciones previas al cierre."

"30 minutos al día: vendedores que han escrito en comentarios aprovechando la inversión del competidor para atraer a los prospectos que dudan del efecto del producto publicitado."

"1 hora a la semana: Para aquellos que desean mantener un blog y hablar sobre sus productos, su misión e incluso de la vida mágica que desean, les aconsejo un blog."

"Todo el tiempo restante que pierdas en las redes sociales, no es más que dinero y tiempo que jamás volverá a ti."

16
El uso de las Herramientas Online

¡Qué todo vendedor debería conocer!

Internet es como un gran almacén, existen millones de herramientas que pueden hacer más fácil y exitosa la carrera del vendedor. Sin embargo, en ese gran mar de mil usos, está presente la distracción. Conozco a muchos vendedores con más de 50 apps en sus teléfonos, las cuales solo usan un 10% y también he llegado a coincidir con otros vendedores que tienen solo las herramientas básicas, no dándole la importancia que debería de tener la tecnología en nuestro negocio. Y es que hoy en día existen personas maravillosas que crean casi a diario apps que facilitan la vida del vendedor y no me refiero solo a los recordatorios, hablo de apps que te informan si comiste lo suficiente para una jornada completa e incluso aplicaciones para jugar al Durak mientras esperas a un cliente, liberándote así de la tensión.

Tenemos que ver las herramientas online de la misma manera que vemos los electrodomésticos, el secador, la maquinilla de afeitar…sin esta clase de tecnología, no podríamos aparecer limpios y presentables al mundo. Eso son justamente las aplicaciones de hoy, utensilios que nos ayudan en nuestro camino día a día.

Ahora bien, entre tantas opciones, ¿cuál escoger?

A mí me gusta dividir mis aplicaciones en los tres sectores más importantes: Salud, Amor y Dinero. Has oído hablar de estos tres pilares y son los que equilibran cualquier vida, si tienes los tres controlados, estás creándote un maravilloso puente hacia el éxito.

Herramientas online para la Salud

Cuando un cliente nos ve con una pulsera que mide nuestros pasos o como apuntamos las calorías que estamos comiendo, es muy posible que piense: *"Esta es una persona saludable, puedo confiar en ella"*. **Nuestra imagen mejora en ese instante y ganamos una actitud positiva por parte del cliente.** Además de que es un buen tema de conversación para comenzar la venta, pues todo el mundo aspira a estar más sano.

• **Apps de Ejercicios**: Añade una aplicación de rutina deportiva a tu teléfono. Así el pensará por ti y te avisará que es el momento de ejercitarse. **Como vendedor es importante que hagas ejercicio físico una vez al día**, si te organizas tendrás tiempo para todo lo que desees.

• **Apps y Videos de Comida Sana**: Sorprendentemente muchas personas creen que, para tener una vida mágica, se debe sacrificar las horas de comida, picar algo y listo a trabajar. Nada más lejos de la realidad, ya que **nuestra alimentación determinará nuestro esfuerzo**, tarde o temprano tu cuerpo te castigará por no aportarle suficientes nutrientes. Así que busca una aplicación para controlar las calorías y nutrientes que comes al día y revisa videos que te enseñen a comer mejor e incluso a organizarte para ahorrar tiempo a la vez que comes sano.

• **Gadgets**: Actualmente si llevas un Rolex el cliente puede pensar: *"Vaya, sí que gana dinero vendiendo"*, pero si portas un Gadget como un Apple Watch, el cliente suele pensar: *"Me gusta, es actual y sabe de lo que habla"*. **Piensa que imagen deseas dar y añade ese Gadget que va acorde a tu personalidad como vendedor.**

Herramientas online para el Amor

Los vendedores viajamos, pasamos varias horas e incluso a veces días fuera de casa, siempre ha sido así, desde nuestros antepasados como vendedores ambulantes. **Pero gracias a la tecnología podemos seguir manteniendo el contacto con nuestras familias.** Esto nos ayudará a sentirnos cerca y además tener una fuente de inspiración que te motive cuando lo necesites.

•**Apps de mensajería y video-llamada**: Seguro que ya tienes alguna instalada en tu teléfono. Te recomiendo que uses varias por si cuentas con clientes en otros países o están habituados a otra clase de aplicación. Las video-llamadas son fantásticas no solo para hablar con la familia, sino también para transmitir testimonios, imagínate que un cliente desea saber si el producto que vendes es bueno para personas con Diabetes y tú cuentas con un cliente que tiene el mismo problema. Puedes enviar un mensaje y conectaros en una video-llamada para que resuelva las dudas del cliente, **usando así el poder de la tercera persona.**

• **Juegos**: **Los juegos son una gran manera para quitar la tensión del día**. E incluso puedes jugar a distancia con tus hijos o tu pareja para que así sigáis teniendo tiempo juntos. Además, un cliente que ve que juegas con ellos incluso estando de viaje de negocios, sentirá que eres una persona dignan de confianza, un padre o una madre que posiciona a su familia por encima de su negocio.

• **Mapas Mentales**: **Una de las herramientas que todo vendedor debería tener son los mapas mentales**. Estos consisten en esquemas que se pueden crear entre varias personas donde ponen sus objetivos, sueños y crear un camino juntos para hacerlos realidad. Es una gran herramienta para que el hogar esté en sintonía y cada miembro sepa su parte en el camino hacia la vida mágica.

Herramientas online para el Dinero

Ser un experto en el dinero está al alcance de cualquier persona hoy en día gracias a internet. Tener un gestor online, crear facturas, presupuestos…es tan fácil como instalar una aplicación y comenzar a usarla. Al igual que **hoy puedes aprender todo lo necesario sobre el dinero en tan solo un par de horas de entrenamiento**. Por ello son tan importante las herramientas relacionadas con el Dinero, porque nos ayudan a saber un poco de todo.

1. **Gestión Financiera**: Cuando leí "El Millonario de al lado" me di cuenta de la importancia de gestionar tu dinero cada mes, así que me instalé una aplicación que controla mis gastos y donde puedo añadir recordatorios. Te recomiendo que crees varias carpetas con tus ingresos, inversiones, gastos, regalos, ahorros y demás. **Un vendedor ganador sabe dónde está su dinero.**

2. **Formación**: ¿Quieres aprender más sobre las Criptomoneda? Haz un curso online, léete libros, escucha podcast. ¿Te gustaría aprender más técnicas de ventas? Busca líderes en el mundo de las ventas y aprende. **Internet tiene la mayor biblioteca del mundo y está esperan a que la descubras.**

3. **Modos de pago**: Una de las grandes ventajas de la era de la información es que existen muchas maneras de realizar diferentes acciones y una de ellas son las formas de pago, es decir como recibes el dinero del cliente. No hay límites, busca cual es más ventajosa para ti y así **tendrás una gama variada en caso de que el cliente te pregunte que formas de pago existen para comprar tu producto.**

Con este tipo de herramientas podrás tener un negocio casi automatizado. Tienes que ver que tu laptop o teléfono, son tu secretario/a. Ellos se encaran de recordarte las citas, los cumpleaños, de gestionar tu dinero, de guardar tus ingresos, de aportarte valor y decirte cuando es momento de comer. **La tecnología debe convertirse en tu mayor aliada, la mejor amiga del vendedor.** Por ello es tan importante que sea una de las posesiones más importante que poseas, tal y como expliqué en el capítulo 8, ya que realmente es una herramienta de trabajo fabulosa. Solo debes aprender a separarla del ocio.

Solo las personas que tienen una vida trágica utilizan internet para puro entretenimiento y pérdida de tiempo. **Pero un vendedor que realmente quiere conseguir una vida mágica, sabe separar esa distracción y convertirla en funcionalidad.** En resultados.

Cuestionario: El uso de las Herramientas Online

1. ¿Qué significan para ti las herramientas online?:

____

____

____

2. Nombra las herramientas que usarás para cada sector:

Salud: ____

Amor: ____

Dinero: ____

3. ¿Qué aplicaciones utilizas actualmente que no te generan ningún beneficio?

____

____

____

____

4. Utiliza las nuevas aplicaciones durante 30 días conectadas a tu negocio, luego vuelve a este cuestionario y escribe cual ha sido tu experiencia y avances como vendedor al utilizarlas:

Este punto de venta se resume con las siguientes frases:

"Tenemos que ver las herramientas online de la misma manera que vemos los electrodomésticos, el secador, la maquinilla de afeitar…sin esta clase de tecnología, no podríamos aparecer limpios y presentables al mundo."

"A mí me gusta dividir mis aplicaciones en los tres sectores más importantes: Salud, Amor y Dinero."

"Nuestra imagen mejora en ese instante y ganamos una actitud positiva por parte del cliente."

"Como vendedor es importante que hagas ejercicio físico una vez al día." "Nuestra alimentación determinará nuestro esfuerzo."

"Piensa que imagen deseas dar y añade ese Gadget que va acorde a tu personalidad como vendedor."

"Gracias a la tecnología podemos seguir manteniendo el contacto con nuestras familias."

"Usando así el poder de la tercera persona."

"Los juegos son una gran manera para quitar la tensión del día."

"Una de las herramientas que todo vendedor debería tener son los mapas mentales."

"Ser un experto en el dinero está al alcance de cualquier persona hoy en día gracias a internet."

"Hoy puedes aprender todo lo necesario sobre el dinero en tan solo un par de horas de entrenamiento."

"La importancia de gestionar tu dinero cada mes." "Un vendedor ganador sabe dónde está su dinero."

"Internet tiene la mayor biblioteca del mundo y está esperando a que la descubras."

Tendrás una gama variada en caso de que el cliente te pregunte que formas de pago existen para comprar tu producto."

"La tecnología debe convertirse en tu mayor aliada, la mejor amiga del vendedor."

"Pero un vendedor que realmente quiere conseguir una vida mágica, sabe separar esa distracción y convertirla en funcionalidad."

17
La Tecnología y el Vendedor

¡Juntos para una vida mágica!

Hace poco leí un artículo que decía que los carritos de compra de las tiendas online habían sustituido al vendedor. El artículo no estaba equivocado, es cierto que la tecnología ha sustituido a muchos vendedores como las maquinas sustituyeron a muchos empleados en las fábricas durante la Revolución Industrial. Pero lo que el artículo no explicaba era que en realidad no se ha eliminado al vendedor, sino que **ahora existen otro tipo de clientes que prefieren ir a una web, buscar el producto, leer opiniones, buscar si hay otro producto mejor, comprar y que le llegue a casa.**

Ese comprador online es también una gran oportunidad para nosotros, los vendedores, pues resulta menos trabajoso el conseguir la venta, solo se debe aprender de qué manera ser también un carrito de compra online. Pues son muchos los vendedores que deciden dejar de un lado lo que ya estaban haciendo como vendedores convencionales y ser de la noche a la mañana un vendedor online.

Desde mi experiencia de 15 años he podido convertirme en ambos. **Tener un trozo del pastel físico y otro del online**. Y eso es de lo que vamos a hablar en este capítulo.

Vender de forma Online

Vender a través de internet parece la cosa más simple del mundo ya que lo puedes hacer desde casa con total tranquilidad, en pijama y con un buen tazón de café a tu lado. Puedes saltarte los descansos e incluso realizar un cierre en un par de minutos. Pero eso no significa que todo el mundo sea capaz de hacerlo.

Internet requiere aún más disciplina que el de un vendedor convencional, son muchos los errores que se cometen y las ventas perdidas por desconocimiento.

Así que **lo primero que debes saber es hablar bien por internet**. Al igual que muestras elegancia y un vocabulario extendido en una cita real, también debes hacerlo a través de la pantalla.

Para ello he creado una guía de como comenzar una conversación online y llegar a la venta de forma natural.

Guía de Venta Online

1. Saluda a la persona, pregúntale que tal se encuentra y a que se dedica. **(En internet tenemos la gran ventaja de poder examinar el perfil de la persona, ver que le gusta hacer y así buscar una manera de que nuestro producto le ayude a mejorar su estilo de vida.)**

    Por ejemplo: Digamos que has contactado a una persona que ama los coches y tu producto son los seguros. Perfectamente puedes comenzar alabando su coche y preguntando si tiene algún seguro especial. Es una gran manera de conocer la necesidad de tu cliente.

2. Una vez que se ha entablado conversación, pregúntale si conoce tu producto. No le envíes ninguna presentación, ni video, piensa que en un cierre físico no harías algo así, interrumpir el momento y esperar a que se vea un video. Así que piensa que está sentado frente a ti y que estáis tomando una taza de café juntos.

3. Si responde que sí, puedes usar frases como *"entonces sabrás lo bueno que es el producto"* o *"¡qué bueno que lo conozcas!"* Y pregúntale si sabe todos los beneficios. Ahí es cuando puedes enviarle una imagen que hable solamente de los beneficios del producto, no lo saques del chat donde estáis hablando. En caso de que diga que no conoce el producto responde con *"me encantará mostrarte los beneficios"* y le envías la imagen también.

4. Una vez que envías la imagen esperas, no escribas nada más, dale tiempo a que te agradezca por la imagen más unos 30 segundos en los que podrá tardar en leer los beneficios. Intenta

que la imagen sea clara y mencione lo más importante de tu producto.

5. Una vez que ha pasado el tiempo llegó el momento de hablar y preguntar si ese sería el producto que le ayudaría a tener una mejor calidad de vida, en el ejemplo del punto 3, donde el posible cliente ama los coches, la pregunta correcta sería: *"¿sería este seguro perfecto para tu coche?"* Y esperas la respuesta. Luego vas a por el siguiente sí *"¿te gustaría tener un seguro así y vivir tranquilo sabiendo que está asegurado?"* De nuevo esperas *"¿quieres tenerlo a partir de hoy?"* ¡Por supuesto que lo quiere! **Te ha dicho dos veces que sí, ahora llega el momento de convertir aquella conversación en una venta.**

Como cobrar al instante

Al hacer cierres online siempre está el riesgo de que la persona se olvide o lo deje para después, la presión que se ejerce de forma física no es tan palpable. Por ello tenemos que tenerlo todo listo para vender. Tienes dos opciones para que la venta se realice de inmediato.

1. Con una pasarela de compra online, es decir una tienda donde vendas los productos que representas y tenga varias opciones de pago.

2. También puedes simplemente enviarle el enlace de la pasarela de pago que utilices, investiga las que existen y escoge la que más te convenga.

Si el cliente quiere conocerte

Cuando alguien me conoce de forma online y ve a lo que me dedico, al instante me pregunta: *"Jose, ¿dónde podemos conocernos? ¿cuándo vas a hacer un evento por mi ciudad?"*. Esto es genial ya que significa que el ser humano aún tiene la necesidad de verse físicamente, de comprobar que las cosas son reales antes de comprar, asegurándote así una oportunidad de entablar una relación sólida con el posible cliente.

Por lo que si estás en una conversación de chat y la persona desea verte en vivo para continuar hablando del tema, primero debes asegurarte de que la venta se cerrará aquel día. Ya que has invertido tiempo en un primer intento de cierre y ahora te está solicitando un segundo. Por lo que indaga antes de confirmar la cita. Sé sincero, respuestas como estás dan grandes resultados: *"Claro que puedo, solo que como entenderás debo organizar mis viajes con inteligencia, por lo que me gustaría saber si estás realmente interesado/a en mi producto y si el vernos te ayudaría a comprar finalmente"*.

En internet hay que ser realmente claros, el mar de clientes es enorme, por lo que un cliente que no está realmente interesado lo mejor es dejarlo ir, pero uno que te pregunte y desea conocerte para obtener más confianza es un posible cliente. Así que, si este responde positivamente, adelante confirma una cita e insiste en que compre el producto antes de que vayáis a conoceros, dale la opción de pago, que la tenga en su chat. Cuando adquieras el billete de tren o avión, envíale el comprobante, que sienta la confianza de que vas a estar con él, aunque compre el producto antes.

Y cuando os conozcáis haz un cierre profesional y agresivo usando lo que has aprendido en el capítulo 3.

Recuerda las Video Llamadas

Antes de cualquier cita física recuerda que existen las video-llamadas. Si realmente un posible cliente necesita vernos para realizar una compra, es muy inteligente darle la opción de realizar una video llamada donde podrás hacer el cierre de la venta de forma online. Para ello asegúrate que cumples los siguientes requisitos antes de cualquier video llamada:

1.   La vestimenta: Estate bien vestido, no uses en este caso traje y corbata, se vería extraño que una persona trabaje desde casa con libertad y esté tan arreglado.

2.   La conexión: Comprueba que tienes buena conexión para que se te vea y oiga perfectamente.

3.	Presentación Online: Ten lista la presentación que sueles mostrar a tus posibles clientes subida a la aplicación que utilices desde el ordenador o el teléfono.

4.	La pared: Cuando vemos a alguien haciendo una conferencia online, nos fijamos en cada detalle y sobre todo en la pared. Queremos adivinar cuánto dinero gana por lo que se ve detrás. Así que, si vives en un lugar con grandes vistas, deja que se vean detrás de ti o si es tu oficina, que se muestre profesionalidad.

5.	El saludo: No olvides el TIP que te mostré sobre El primer Segundo, en una conferencia es igual, tu saludo dirá al cliente todo lo que necesita saber sobre ti. Así que saluda con profesionalidad y respeto, estás hablando con un cliente.

La ventaja de internet es que puedes hacer más en menos tiempo si sabes cómo organizarte, por lo que incluir en tu agenda 2h para realizar ventas online es una gran manera de ir incorporando esta herramienta a tu sistema de trabajo.

Cuestionario: La Tecnología y el Vendedor

(Ver respuestas correctas al final del Libro)

1.   ¿Los carritos de compra online han sustituido al vendedor?:

a) Sí

b) No

2.   Vender de forma online requiere más…

a)   Inversión

b)   Disciplina

3.   Lo primero que debes aprender para vender online es…

a)   A dar me gusta

b)   A hablar

4.   ¿Para qué nos puede servir el perfil social de una persona?

a) Para saber si le puede interesar nuestro producto

b) Para saber si tiene dinero para comprar nuestro producto

5.   ¿Puedes enviarle al posible cliente videos sobre tu producto?

a) Sí

b) No

6.   Tras enviar los beneficios del producto, ¿cuánto tiempo esperar para comenzar el cierre de la venta?   debes

a)   Nada más enviarle la imagen

b)   30 segundos después de enviar la imagen

c)   Después del gracias y 30 segundos más para que lea los beneficios

7.   ¿Es posible cobrar al instante de forma online?

117

a)   No

b)   Sí

8.   ¿Qué hacer si un cliente necesita verte físicamente antes de comprar?

        a)   Asegurarse de que va a realizar la compra

        b)   Citarle en seguida

        c)   Si una venta se hace online no es necesario ver al cliente

9.   ¿Puedo sugerirle al cliente realizar una video llamada?

        a)   Sí

        b)   Mejor no, puede sentir que evitas ir a verle

10.   ¿Cuánto tiempo vas a dedicar a realizar ventas online al día?

Este punto de venta se resume con las siguientes frases:

"Ahora existen otro tipo de clientes que prefieren ir a una web, buscar el producto, leer opiniones, buscar si hay otro producto mejor, comprar y que le llegue a casa."

"Tener un trozo del pastel físico y otro del online."

"Lo primero que debes saber es hablar bien por internet."

"En internet tenemos la gran ventaja de poder examinar el perfil de la persona, ver que le gusta hacer y así buscar una manera de que nuestro producto le ayude a mejorar su estilo de vida."

"No le envíes ninguna presentación, ni video, piensa que en un cierre físico no harías algo así, interrumpir el momento y esperar a que se vea un video."

"Puedes enviarle una imagen que hable solamente de los beneficios del producto, no lo saques del chat donde estáis hablando."

"Una vez que envías la imagen esperas, no escribas nada más, dale tiempo a que te agradezca por la imagen más unos 30 segundos."

"Te ha dicho dos veces que sí, ahora llega el momento de convertir aquella conversación en una venta."

"Tenemos que tenerlo todo listo para vender."

"Primero debes asegurarte de que la venta se cerrará aquel día."

"En internet hay que ser realmente claros, el mar de clientes es enorme, por lo que un cliente que no está realmente interesado lo mejor es dejarlo ir."

"Requisitos para una video-llamada: La vestimenta, la conexión, presentación online, la pared y el saludo."

"La ventaja de internet es que puedes hacer más en menos tiempo si sabes cómo organizarte."

119

18
Identificar la "Madera Falsa"

¡El cliente que todo mal vendedor repele!

A pesar de la gran ventaja que nos otorga vender de forma online, debemos ser conscientes de que en internet no solo debemos ser vendedores, también agentes 007, puros espías y examinadores de lo que el posible cliente dice, comparte y pregunta.

Al no realizar la venta con la persona frente a nosotros, no podemos identificar los signos que nos demuestran que están realmente interesados en la compra. Para ello debemos saber identificar lo que yo llamo la "madera falsa". Este término se me ocurrió gracias a la fantástica película "El Informador", donde hablan de esos clientes que dicen estar interesados para que los dejes en paz.

En mis inicios, cuando solo existían las llamadas sabía identificar a ese cliente, pero al llegar el mundo online tuve que convertir esa intuición auditiva y plasmarla en un esquema donde cada acción social me dice si el cliente está o no interesado realmente como dice. Ahorrándome así muchísimo tiempo y dinero.

¿Cómo identificar la "Madera Falsa"?

Lo que ocurre es que actualmente hemos desarrollado la capacidad de socializarnos en varios sitios a la vez. Somos capaces de mandar un audio por WhatsApp mientras escribimos un comentario de un video en YouTube que acabamos de ver. Somos pluri- sociales y eso a veces afecta a los vendedores que no saben identificar si el cliente está realmente prestando atención.

Para convertirte en un experto en identificar si esa persona con la que estás hablando de verdad estas interesado, solo debes examinar su movimiento social. Aquí te dejo algunos signos para saber si es "madera falsa" si mientras conversáis:

1. Le ha dado Me gusta a otra persona.

2. Contesta o hace comentarios.

3. Sube un video o una foto.

4. Comparte un enlace.

5. Te responde con monosílabos.

6. Tarda más de un minuto en responderte.

7. Cuando responde que mirará la imagen en otro momento.

8. Cuando pide que le envíes toda la información por email (a veces suele funcionar, pero normalmente se olvidan de que les enviaste por correo).

9. En el momento en que intentan venderte ellos otra cosa.

10. Antes de presentar el producto ya desean conocerte en físico.

11. Escribe de forma inteligible.

12. No comprende lo que le estás explicando sobre el producto.

13. Desvalora de forma agresiva tu producto.

14. Te informa que volverá dentro de unos minutos para seguir hablando.

La sensación de perdida

Cuando sientes que ese prospecto está siendo *"Madera Falsa"* lo mejor es sacar la carta de Sentido de Perdida, todos los vendedores la conocen, de hecho, tus padres la llevan usando desde hace muchos años y pueden que no sean ni vendedores. ¿Recuerdas cuando eras un niño/a y te decían que si no comías las verduras no ibas a ver la serie que tanto te gustaba? Eso era sentido de perdida, por no hacer lo que ellos decían, perdías lo que deseabas.

Con los posibles clientes se juega igual. **Si ellos no adquieren el producto que estamos vendiéndoles, es nuestro deber crearles el sentimiento de que están perdiendo una gran oportunidad.** Para hacer realidad esta idea existe frases y frases que decir y que realmente funcionan. Pero para mí solo hay una en la que me mantengo enfocado y es la siguiente: En realidad creo que muestras poco interés, así que prefiero parar de hablarte del producto que podría ayudarte.

Cómo habrás visto en ningún momento se dice la palabra *"no"* porque tú deseas que siga pensando en positivo de ti.

Así que la respuesta que obtengas, mantenla como algo positivo. No es probable que te vaya a decir *"tienes razón para de hablarme del producto"* más bien puede decirte *"ok"* o *"perdona es que estaba ocupado/a"*. Sea cual sea la respuesta, en cuanto te la de, responde con la siguiente: *"Aun así me gustaría tenerte en mi lista de posibles clientes, ¿preferirías que te contactara por WhatsApp?"*. Ya no decimos por teléfono por que **las personas del Siglo XXI quieren saber que tendrán la posibilidad de contestar cuando quieran** y el email solo se revisa ocasionalmente, así que pídele la aplicación que suelas usar para conversar con tus clientes online.

El Seguimiento

Tras 3 meses vuelve a contactar a esas personas que clasificaste como *"madera falsa"*. **Ten por seguro que desde el día que les hablaste vieron tu movimiento en las Redes Sociales** e incluso puede que dieran Me gusta a tus publicaciones, aun así, vuelve a hablarles como si no te hubieras dado cuenta y como si fuera un viejo amigo, siempre con respeto y profesionalidad, preguntándole si ya adquirió un producto como el tuyo.

Siguiendo la historia del capítulo anterior, sería algo así:

Vendedor: Veo que sigues teniendo ese precioso coche, ¿lo aseguraste ya? Posible Cliente: Aún no.

Vendedor: Te comprendo, es difícil tomar una decisión así, confiar en una empresa y que sepas que va a ofrecerte todo lo que dice. (En esa segunda conversación el cliente debe notarte más sabio, por lo que ponte en su lugar.)

Posible Cliente: Así es ¿y tú sigues vendiendo tu seguro?

Vendedor: Por supuesto, los clientes están felices y yo también, me gusta ofrecerles a las personas un seguro real y confiable. De hecho, tengo una nueva oferta que me gustaría que la vieras, ¿voy a enviártela ok? (Ten preparada una oferta o promoción cuando vas a hacer un segundo contacto, así la persona sentirá que pensaste en ella al ver tan buena oportunidad).

Posible Cliente: ok (De nuevo envía una imagen, espera las gracias y cuenta 30 segundos).

Vendedor: Como puedes ver se ajusta totalmente a ti, ¿te gustaría que tu coche tuviera ese seguro?

Posible Cliente: Sí claro.

Vendedor: Si lo contratas ahora te saldrá más económico, el mejor seguro a un precio inigualable.

Posible Cliente: De acuerdo, dime por donde lo pago.

¡Así de hermoso y fácil se puede cerrar la venta de un cliente que era *"madera falsa"*! Muchos vendedores me han escrito emocionados por lo bien que funciona esta técnica. El cliente madura durante ese tiempo en que no le hemos contactado y al recibir nuestro saludo entiende que le contactamos porque tenemos una oferta pensada para él, consiguiendo el efecto de que se sienta realmente importante. Y es que no hay nada más importante que el bienestar del cliente.

Cuestionario: Identificar la "Madera Falsa"

(Ver respuestas correctas al final del Libro)

1.   ¿En qué nos convertimos los vendedores en internet?:
   a)   En espías y examinadores
   b)   En buscadores de clientes

2.   ¿Qué es un cliente de "Madera Falsa"?:
   a)   Alguien que no tiene dinero para comprar nuestro producto
   b)   Alguien que no muestra interés en nuestro producto
   c)   Alguien que le vendan en físico

3.   ¿Cuál de estas acciones las realiza un cliente de "Madera Falsa"?

   a)   Hace muchas preguntas
   b)   Quiere más información
   c)   Pide que le envíes la información por email

4.   ¿Qué se debe hacer con un cliente de "Madera Falsa"?

   a)   Escribirle al día siguiente
   b)   Crearle sensación de pérdida
   c)   Eliminarlo de la lista

15. ¿Se le debe hacer seguimiento a un cliente de "Madera Falsa"?

a)   Sí
b)   No

Este punto de venta se resume con las siguientes frases:

"En internet no solo debemos ser vendedores, también agentes 007, puros espías y examinadores de lo que el posible cliente dice, comparte y pregunta."

"Debemos saber identificar lo que yo llamo la "madera falsa."

"Para convertirte en un experto en identificar si esa persona con la que estás hablando de verdad estas interesado, solo debes examinar su movimiento social."

"Cuando sientes que ese prospecto está siendo "Madera Falsa" lo mejor es sacar la carta de Sentido de Perdida."

"Si ellos no adquieren el producto que estamos vendiéndoles, es nuestro deber crearles el sentimiento de que están perdiendo una gran oportunidad."

"Las personas del Siglo XXI quieren saber que tendrán la posibilidad de contestar cuando quieran."

"Ten por seguro que desde el día que les hablaste vieron tu movimiento en las Redes Sociales."

19
A un paso del Bloqueo

¡Aprende y aplica!

Todos hemos oído e incluso dicho alguna vez la frase: "No vuelvas a llamarme, sácame de tu lista."

Un vendedor del Siglo XXI es inmune a esta frase ya que el cliente tiene más control sobre quien le molesta. ¿Por qué? Por la simple razón de que existe el bloqueo. Un prospecto que realmente está cansado de ser contactado puede bloquearte desde la red social o aplicación por la que le estés contactando sin parar. Por eso es importante tener siempre en mente que los vendedores estamos a un paso del bloqueo.

Así son las cosas del actual siglo. Antes de que Martin Luther King hiciera su gran discurso y se pisara la luna, internet no existía, por lo que los vendedores solo recibían rechazos telefónicos. Pero hoy en día, el cliente se ha convertido en el mayor crítico, si no haces de forma excelente tu trabajo la primera vez, buscaran a otro y de paso te bloquearan a ti.

Medidas anti-Bloqueo

Me gusta mantenerme informado de lo que pasa en el mundo online y aprender nuevas técnicas, por lo que suelo navegar entre blogs y grupos sociales, encontrándome con varios perfiles de vendedores que creen que compartir sin ton ni son en grupos, es una gran estrategia de venta.

Desgraciadamente esta acción solo se le puede dar un nombre: SPAM, lo cual se define como; información publicitaria no solicitada.

Debes entender que, si alguien no te ha confirmado que desea recibir información sobre tu producto, de nada servirá que se lo envíes. Las personas quieren recibir noticias sobre aquello que solicitan y para eso debes hacer tu trabajo previo de contactar y manteen una conversación humana con la persona.

Por ello no publiques en grupos sin pedir permiso, no busques atajo.

Otra de las acciones que debes medir con cuidado son las de compartir. Si un posible cliente ve que solo compartes contenido que no es de su interés, acabará bloqueando. Por ello pregúntate antes de compartir cualquier contenido: ¿tiene algo que ver con mi producto? ¿Creará más confianza a mis clientes y futuros clientes sin ven esto en mi perfil social? Si la respuesta es positiva en ambos casos, entonces adelante, comparte.

La mayor parte de los vendedores online comparten la misma filosofía a la hora de compartir y es crear contenido original.

El contenido original

¿Has visto alguna vez como una persona de tu entorno publica sin parar videos o imágenes de otros perfiles sociales? ¿Qué has pensado? La mayoría de las personas suelen pensar que esa persona no tiene voz, que solo sabe compartir lo que otros crean y a su vez hacen famosos a otros. Eso es lo que pensaran también de ti si solo compartes otras páginas, además de que pierdes el tiempo en el mundo social.

Por eso si vas a compartir algo, que sea contenido original, es decir que lo cree tu agencia de marketing o tú mismo. A continuación, te comparto una lista del contenido que debe compartir todo vendedor que desea ser original:

1.	Una foto propia con una frase.
2.	Un video en directo.
3.	Frases propias o de grandes líderes que le inspiren.
4.	Ofertas de tu producto.
5.	Emails con los beneficios de tu producto.
6.	Un audio propio.
7.	Fragmentos del libro que estás leyendo.

Lo más importante es que sea único y que siempre lleve tu nombre inscrito en el, así te recordarán.

Usa WhatsApp de forma inteligente

Muchos alumnos me han llegado a decir que WhatsApp no es para hacer negocios, sino para chatear con conocidos. Al principio me reí creyendo que era puro sarcasmo, pero luego me fui dando cuenta que muchos vendedores realmente no saben el uso tan maravilloso que proporciona WhatsApp a la hora de hacer clientes.

Para empezar, debemos saber que WhatsApp es un utensilio directo, más poderoso que el email ya que todo el mundo lo revisa en cuanto recibe un mensaje. Si no me crees enchiva ahora mismo un mensaje a un prospecto saludándole con un: ¡Hola! ¿Qué tal te encuentras? Y ya verás cómo responde en menos de un minuto.

El problema de WhatsApp, o de cualquier aplicación de mensajería instantánea que utilices, es que no la respetas. Al ser gratuita nos vemos con la libertad de enviar flyers, imágenes, videos y mensajes predeterminados a todos nuestros contactos sin importarnos con quien estamos hablando. Te daré un ejemplo para que veas la gravedad de este uso inadecuado.

Ejemplo: Imagínate que eres vendedor de Bienes y Raíces y mandas una oferta a tu lista de prospectos de una oferta para una casa familiar. Entonces uno de esas personas te responde que no le vuelvas a enviar nada más y te bloquea. No comprendes muy bien que le ha pasado a esa persona para que se comporte así, por lo que simplemente te sientes ofendido/a y le das vueltas todo el día. Como te ha bloqueado no puedes preguntarle.

Ahora bien, si la hubieras saludado y preguntado por su estado de ánimo, te hubiera dicho que acaba de divorciarse y que ha perdido la custodia de sus hijos hasta que no encuentra una casa decente. Entonces podría haberlo ofrecido varias opciones y ser el vendedor que necesitaba en el momento adecuado.

¿Comprendes lo irresponsable que es enviar un mensaje predeterminado? **Ninguna persona se encuentra en la misma situación que otra para recibir el mismo tipo de oferta.** Usar herramientas online no significa trabajo menos o simplemente copiar y pegar, sigues trabajando con seres humanos, por lo que debes indagar en cuál es su situación y en que puedes mejorar su vida como vendedor.

Tu Imagen Social

Hace poco un alumno de mi seminario se acercó en el descanso y me dijo: *Jose, ¿por qué no me contestas a mis mensajes por Instagram?* Conocía a aquel chico de varios seminarios por lo que me extrañó la pregunta y le contesté que no había recibido ningún mensaje suyo. Pero entonces este aludió de que el día anterior me había contactado e incluso preguntado sobre el horario del seminario. Preocupado miré mi teléfono para saber si algo andaba fuera de lugar, pero no encontré al chico, así que le enseñé mi buzón y le dije que no tenía ningún mensaje. Entonces este aún más enfadado señaló el primer perfil y dijo: *Ese soy yo, lo leíste y no dijiste nada.* Anonadado miré y vi que se trataba de un nombre que no era el suyo, sino el de su empresa junto a la ciudad en la que residía y de que la imagen era el logo de su empresa. Entonces le dije: Amigo, ese no eres tú, no para mí, *¿cómo esperas tener éxito vendiendo si haces que las penosas te vean como una empresa?* Comprendió porque no le habían respondido los clientes también.

El nombre y la imagen de perfil que usemos es como la que utilizamos en nuestro DNI. No puedes presentarte en la policía y entregarles el logo de la compañía y el nombre de la empresa, simplemente no te van a dejar renovarte el documento. Pues igual pasa con los perfiles sociales.

Tu imagen online empieza con tu foto social y con poner tu nombre. Así de simple es esta lección, así que si tienes la imagen de tu empresa en algún lugar, quitaba ahora mismo, ya que te aseguro que estás reprimiendo a muchos posibles clientes de que te contacten y de igual manera te digo con el nombre, tú no eres tu empresa, solo la representas, por lo que primero debes ser humano y luego vendedor.

Notarás la diferencia y además te ahorrarás que te bloqueen.

Cuestionario: A un paso del Bloqueo

1. ¿Cuándo fue la última vez que enviaste un mensaje predeterminado?:

____

2. ¿Algún prospecto te bloqueó? Si es así, di por qué crees que fue:

____

____

____

3. ¿Qué contenido sueles compartir en tus perfiles sociales?:

____

____

____

4. ¿Para qué sueles utilizar WhatsApp?

____

____

5. ¿Has cerrado alguna venta por WhatsApp?

____

6. ¿Qué imagen y nombre tienes actualmente en tus perfiles sociales?

Este punto de venta se resume con las siguientes frases:

"Es importante tener siempre en mente que los vendedores estamos a un paso del bloqueo."

"Por ello no publiques en grupos sin pedir permiso, no busques atajo."

"Pregúntate antes de compartir cualquier contenido: ¿tiene algo que ver con mi producto? ¿Creará más confianza a mis clientes y futuros clientes sin ven esto en mi perfil social? Si la respuesta es positiva en ambos casos, entonces adelante, comparte."

"Si vas a compartir algo, que sea contenido original."

"WhatsApp es un utensilio directo, más poderoso que el email ya que todo el mundo lo revisa en cuanto recibe un mensaje."

"Ninguna persona se encuentra en la misma situación que otra para recibir el mismo tipo de oferta."

"Debes indagar en cuál es su situación y en que puedes mejorar su vida como vendedor."

"El nombre y la imagen de perfil que usemos es como la que utilizamos en nuestro DNI."

"Tu imagen online empieza con tu foto social y con poner tu nombre."

20
Sigues o te siguen

¡Conviértete en la persona importante!

En los perfiles sociales "seguir" es todo un término conocido y la medida del éxito para muchos. Contar con seguidores significa tener una lista de contactos que puedes convertir en clientes. Y esa es una de las razones importantes por las que debes ser un usuario al que sigan, no al revés. Es decir, **que sea a ti a quien dan Me gusta, a quien escriben los comentarios, a quien comparten y a quien mencionan. No al revés.**

¿Cómo se consigue Ser Seguido? En el capítulo anterior hablé de la importancia de compartir contenido original. Esa es la clave, el contenido que creamos y compartimos. Para ello necesitarás tener tu propio sistema de publicaciones, es decir **¿Qué vas a publicar? ¿Cuándo lo vas a publicar? ¿Y cómo vas a convertir esa publicación en una venta?**

Muchos nuevos vendedores online suelen quedarse estancados en la tercera cuestión. Saben atraer al público, conseguir que se enganchen a sus redes sociales, pero no saben convertir el Me Gusta en una venta real. Y sé que muchos de los que lean este libro tendrá la misma duda, por ello vamos a ir paso por paso.

¿Qué vas a publicar?

Siguiendo los puntos que te comenté unas páginas anteriores, quiero que te centres en tres tipos de publicaciones primordiales.

1. **Estilo de Vida**: Publica imágenes donde se muestre que tienes una vida propia, no solo una vida de vendedor. Crear este tipo de publicaciones te ayudará a que los seguidores sientan que te conocen, así cuando llegue el

2. **Servicio y Producto:** Los seguidores deben estar al día de las ofertas y promociones que ofreces, por ello crear imágenes o videos sobre este tema es primordial. Crea contenido multimedia elegante, que sea una imagen creada por profesionales del marketing, tú debes centrarte en vender, no en crear contenido. Ya que no hay nada más horrible que una imagen sin el toque profesional de una agencia de marketing.

3. **Soporte**: Tal y como ya he mencionado, los vendedores somos también el soporte de los clientes e internet es un medio donde las personas preguntan antes de comprar un producto, por lo que debes responder a cada cuestión que se te realiza.

¿Cuándo lo vas a publicar?

No existen reglas generales de cuantas veces debe publicarse en los perfiles sociales, pero sí existe el uso de razón basado en los resultados. Debes tener en cuenta que tus prospectos y clientes no se pasan las 24h del día en las redes sociales, ni tú tampoco, por lo que debes crear un horario de publicaciones, saber cuándo publicar imágenes, videos, ofertas y contestar a las preguntas que recibas.

Para empezar con el **Estilo de Vida** ten en cuenta que tus seguidores pueden cansarse de ver una vida totalmente perfecta, por ello **turna las publicaciones con frases de éxito o artículos que escribas en tu blog**. También ten en cuenta las horas, normalmente **las personas se conectan en los descansos de sus vidas**, es decir; después de comer, en la merienda o al terminar la jornada. Intenta publicar en esos intervalos. Y por último publica varias veces al día sin excederte, que 4 sea el mínimo y no lo hagas en una sola hora, **diversifica el día para que cada persona encuentre a lo largo de su jornada un mensaje positivo y que proceda de ti.**

Una vez que tienes organizado tu horario de publicaciones de estilo de vida, toca dar paso a lo que nos da dinero el **Servicio y Producto**.

He llegado a ver cientos de perfiles y paginas sociales llenas de ofertas y promociones de productos, tantos que no me dejaban claro que vendían o quien era ese vendedor que estaba detrás de cada publicación. Por ello es importante que sepas cuando es el momento de promocionar un producto sin ser opresivo, pero sin olvidar que somos vendedores. Así que **guarda 3 publicaciones a la semana para promocionar tu servicio**. Lo mejor es que te centres en un producto cada semana. Si vendes por ejemplo productos de belleza enfócate en una semana en una gama de maquillaje y en la siguiente en las desmaquilladoras. Así el cliente sabrá que en algún momento mostrarás un producto que le interesa.

Y por último llega la hora del **<u>Soporte</u>**. Saber cuándo contestar las preguntas de nuestros clientes es sumamente importante ya que se puede perder muchísimo tiempo valioso si no se hace bien. **La mayoría de los perfiles sociales cuentan con preguntas y respuestas automáticas, lo mejor es que configures primero este sistema** para que una persona que te escriba pueda ver la respuesta de inmediato. Pero si se trata de un comentario, ahí es donde debemos poner acción humana. Decir a todos el mismo mensaje es espantoso, te hace parecer un robot, así que reserva 30 minutos al día para responder comentarios y revisar los mensajes privados. Los comentarios son cruciales ya que la mayoría de las personas esperan a que otro haga la pregunta y saber la respuesta sin haber preguntado. Así que **cada vez que respondas un comentario, ten en cuenta que la respuesta es para cada persona que te sigue.**

¿Y cómo vas a convertir esa publicación en una venta?

Quiero que se te quede bien grabada esta frase: Poner el enlace de tu tienda online no va a darte ventas. Es como si en una venta física le dieras al vendedor tu cuenta bancaria sin aun siquiera sin explicar los beneficios de tu producto. Es importante que comprendas esta lección ya que son uno de los mayores errores que veo en las ventas online.

Para convertir tus publicaciones en una venta necesitas un filtro. Es decir, llevar al prospecto de la mano hasta que se convierta en cliente.

<u>**Método para convertir al Seguidor online en Cliente**</u>

1. Creas una Publicación estratégica donde invitas a las personas a comentar.
2. Escribes por privado un mensaje agradeciendo a la persona por el comentario y preguntándole si le gustaría tener un producto así en su vida.

3. Le envías los beneficios en una imagen y buscas los 3 sí con la Guía de Venta Online del capítulo 15.

4. Si está interesado envíale a tu Pagina de captura para que realice el pedido.

Como verás, **la venta se basa en seguir unos pasos coherentes y ayudar al seguidor a que encuentre el modo de comprar el producto**.

¿A quién sigues?

Seguro que alguna vez has ojeado el perfil de algún actor o cantante famoso y has visto como le seguían a su vez más famosos y que incluso se comentan entre ellos. Esta estrategia es **perfecta para crear un círculo de fama online que resulta muy positiva a los ojos de tus seguidores.**

Se suele utilizar muchísimo en el mundo del cine y la televisión, donde los actores publican fotos con los demás miembros del reparto, creando así un grupo de personas en el que te gustaría estar.

¿Cómo aplicar esto a tu perfil social? Publica imágenes con el fundador de tu compañía, con escritores, con clientes incluso. Muestra el circulo en el que te mueves y crea así el deseo de que tus seguidores están tan solo al alcanza de comprar tus productos para ser parte de ellos.

¡Pero pon gran atención a la constancia con la que publicas esta clase de imágenes! No llenes tus perfiles de imágenes con otras personas, suele hacer esta clase de publicación de 1-3 veces al mes o desgastaras la sensación de pertenecer a un circulo VIP.

También debes tener en cuenta a quien sigues. **Los vendedores de más éxito en internet solo siguen a aquellas cuentas que les proporcionaba beneficios económicos o que realmente admiran. Mira tú perfil y deja de seguir a todo aquel que no te proporciona ningún beneficio tanto económico como social.**

Cuestionario: Sigues o te siguen

1.   ¿Cuántos Me gusta, compartidas y comentarios has recibido los últimos 7 días?:

____

2.   ¿Cuántas publicaciones de Estilo de vida hiciste en los últimos 7 días?:

____

3.   ¿Cuántas publicaciones sobre tu Servicio o Producto hiciste en los últimos 7 días?:

____

4.   ¿Cuántos comentarios y mensajes respondiste en los últimos 7 días?:

____

5.   ¿Cuántas publicaciones de Estilo de vida hiciste en los últimos 7 días?:

____

6.   De las personas que te siguen en tus perfiles sociales, ¿cuántos son clientes?:

7.	¿A cuántas personas sigues en tus Redes Sociales?:

8.	Busca y sigue a los siguientes tipos de personas:

- Fundador de tu empresa.
- Escritor/a favorito.
- Coach de ventas.
- Clientes habituales.

Este punto de venta se resume con las siguientes frases:

"Que sea a ti a quien dan Me gusta, a quien escriben los comentarios, a quien comparten y a quien mencionan."

"¿Qué vas a publicar? ¿Cuándo lo vas a publicar? ¿Y cómo vas a convertir esa publicación en una venta?"

"Crear este tipo de publicaciones te ayudará a que los seguidores sientan que te conocen."

"Crea contenido multimedia elegante, que sea una imagen creada por profesionales del marketing."

"Internet es un medio donde las personas preguntan antes de comprar un producto."

"Turna las publicaciones con frases de éxito o artículos que escribas en tu blog."

"Las personas se conectan en los descansos de sus vidas."

"Diversifica el día para que cada persona encuentre a lo largo de su jornada un mensaje positivo y que proceda de ti."

"Guarda 3 publicación a la semana para promocionar tu servicio."

"El cliente sabrá que en algún momento mostrarás un producto que le interesa."

"La mayoría de los perfiles sociales cuentan con preguntas y respuestas automáticas, lo mejor es que configures primero este sistema."

"Los comentarios son cruciales ya que la mayoría de las personas esperan a que otro haga la pregunta."

"Cada vez que respondas un comentario, ten en cuenta que la respuesta es para cada persona que te sigue."

"Poner el enlace de tu tienda online no va a darte ventas."

"La venta se basa en seguir unos pasos coherentes y ayudar al seguidor a que encuentre el modo de comprar el producto."

"Perfecta para crear un circulo de fama online que resulta muy positiva a los ojos de tus seguidores."

"Los vendedores de más éxito en internet solo siguen a aquellas cuentas que les proporcionaba beneficios económicos."

"Deja de seguir a todo aquel que no te proporciona ningún beneficio tanto económico como social."

21
Publicidad e Influencer

¡Consigue que hablen de tu producto!

Hace poco quise ir a un restaurante nuevo y no sabía por cual decantarme. Así que busqué en Instagram que imágenes había sobre el lugar, encontrándome la sorpresa de que un chico había subido una imagen comiendo una hamburguesa vegana de pan Bao de la que hablaba increíblemente bien, sus palabras eran poesía a cada mordisco. Así que decidí ir.

El restaurante fue todo un descubrimiento y se ha convertido en uno de mis lugares favoritos de comida asiática. El siguiente fin de semana volví a la cuenta de aquel chico y esta vez recomendaba una pizzería. También la visité y de nuevo me sorprendió. Continué siguiendo sus consejos. Y no fue hasta unas semanas después que me di cuenta de que había escogido aquellos lugares gracias a que alguien me los estaba recomendando, estaba influenciándome para ir a un restaurante en vez de a otro.

Ahí está el mayor poder de internet, en los influencer, los vendedores online que cuentan con cientos de miles de seguidores que están deseosos de conocer aquello que se recomienda.

Cualquier vendedor puede hacerse un influencer, pero yo prefiero utilizar a los que ya lo son.

Influencer que vendan por ti

Si buscas, en Instagram, por ejemplo, el termino #ad, verás a diferentes tipos de personas con productos entre sus manos, como ropa, zumos, cremas, perfumes, helados, juguetes…toda una gama de productos que anuncian a cambio de una compensación económica o un producto gratuito.

La nueva publicidad se llama *influencer* **y los vendedores podemos utilizarla hoy en día**. Solo necesitas a una persona que recomiende productos como el tuyo y quieran probarlo, hacer un comentario, una imagen utilizándolo y te mencionen para que puedas realizar la venta.

Es como si hablaras con una cadena famosa de televisión y quisieras anunciarte a nivel mundial, solo que un anuncio televisivo puede suponerte millones y un famoso social puedes conseguirlo a cambio de un producto.

Escogiendo al Influencer

Para que la persona correcta promocione tu producto o servicio, debes seguir unas pautas para su selección:

- Lugar: Busca en que red social debería estar más activo el *influencer* dependiendo de la edad de tu cliente.

- **Número de Seguidores**: Como promedio estándar, observa que la persona tenga más de 5000 seguidores en la red social en la que desees que haga la publicidad.

- Comentarios: Revisa que la mayoría de sus publicaciones contengan un 10% de comentarios acorde al número de Me gusta.

- **Constante**: Escoge un perfil que publique cada día, **que esté activo para asegurarte que su público está receptivo** a recibir información de tu producto.

- **Contenido de calidad**: Observa que clase publicaciones realiza, si son como te gustaría que se transmitiera tu producto.

- **Guía**: Pregunta siempre si podrás enviarle el texto que deseas que escriba y que destacar ya que tú eres la persona que mejor conoce el producto.

Una vez tienes una lista de influencer que te gustarían que recomendarán tu producto, solo tienes que escribirles tu propuesta y llegar a un trato.

Ten en cuenta que **ellos serán el puente para llegar hasta ti, por lo que la venta final será responsabilidad tuya**. Asegúrate tener todo preparado para vender a las personas que te pregunten por ese producto que les ha recomendado su persona favorita en el mundo social.

La Publicidad Online

Ver anuncios en las Redes Sociales es algo a lo que ya estamos acostumbrados y a lo que todo vendedor puede pertenecer también. **Para que la publicidad online funciones es necesario crear un anuncio que cautive a los usuarios. Conectando los siguientes puntos podrás tener éxito en tus futuros anuncios:**

- **Inversión Inicial: Comienza con una inversión de 100€** que puedes dividir durante el mes, es decir 25€ cada semana, escogiendo una publicación semanal que publicitar.

- **Público**: Selecciona el país donde llega el producto o en caso de que quieras hacer los cierres físicamente, elige las ciudades a las que podrías viajar. **Acorta el público a la edad que suelen tener tus clientes. También define si es un producto unisex o vas enfocado solo a un género.**

- **Gustos**: Si eres vendedor de cursos sobre finanzas, haz que el anuncio vaya a personas que les guste tu competencia, si vendes una dieta, busca personas que siguen a perfiles sobre comida sana. **Ponte en el lugar de tu cliente para saber que buscaría para encontrar un producto como el tuyo.**

- **Acción en el anuncio**: Este punto es uno de los más importantes, ya que **debes decidir qué quieres que haga el prospecto al ver tu anuncio**. Lo más importante es que le hagas pasar a la acción, tal vez escribirte un mensaje, ver más información o comentar. Lo importante es que entable una conversación contigo para que puedas hacerle el cierre.

- **Imagen**: El anuncio deberá tener **una imagen o video que muestre el producto o transmita el sentimiento que puede causar al cliente al poseerlo**. Este es tu primer segundo, lo primero que verán los prospectos será la imagen, por lo que debe ser cautivadora.

- Texto: Ahí es donde **el cliente deberá tener la información necesaria para saber en qué le beneficiará el producto y qué hacer si quiere adquirirlo**. Consigue que el texto sea positivo para que la persona se sienta que acaba de encontrar algo que mejorará su vida.

Tal y como te acabo de mostrar, la publicidad está en manos de cualquier vendedor que desee usarla y con estos puntos que acabas de aprender, todo será más fácil y exitoso.

Cuestionario: Publicidad e Influencer

1.   ¿Qué 10 Influencer te gustaría que recomendaran tu producto?:

____

____

____

2.   Define qué tipo de Influencer necesitas:

Presencia en la Red Social: _______________________________

Número de Seguidores: _______________________________

Cada cuanto tiempo publica: _______________________________

Me gusta en las publicaciones:_______________________________

3.   Define tu anuncio:

Inversión Inicial: _______________________________

País o ciudad: _______________________________

Edad y sexo: _______________________________

Gustos: _______________________________

Acción final: _______________________________

Este punto de venta se resume con las siguientes frases:

"Ahí está el mayor poder de internet, en los Influencer, los vendedores online que cuentan con cientos de miles de seguidores que están deseosos de conocer aquello que se recomienda."

"Cualquier vendedor puede hacerse un influencer."

"La nueva publicidad se llama influencer y los vendedores podemos utilizarla hoy en día."

"Busca en que red social debería estar más activo el influencer."
"Que la persona tenga más de 5000 seguidores en la red social."
"Un 10% de comentarios acorde al número de Me gusta."

"Si podrás enviarle el texto que deseas que escriba y que destacar."

"Si son como te gustaría que se transmitiera tu producto."

"Que esté activo para asegurarte que su público está receptivo."

"Ellos serán el puente para llegar hasta ti, por lo que la venta final será responsabilidad tuya."

"Para que la publicidad online funciones es necesario crear un anuncio que cautive a los usuarios."

"Comienza con una inversión de 100€."

"Acorta el público a la edad que suelen tener tus clientes. También define si es un producto unisex o vas enfocado solo a un género."

"Define si es un producto unisex o vas enfocado solo a un género."

"Ponte en el lugar de tu cliente para saber que buscaría para encontrar un producto como el tuyo."

"Debes decidir qué quieres que haga el prospecto al ver tu anuncio."

"Una imagen o video que muestre el producto o transmita el sentimiento que puede causar al cliente al poseerlo."

22
La lealtad del vendedor

¡Sé fiel a tus sueños!

La disciplina y la perseverancia son dos ingredientes que todo vendedor debe tatuar sobre su piel. Pero en internet surge una más importante y es la Lealtad a uno mismo.

Y es que en el mundo online existen multitud de maestros, personas que muestran de qué manera se vende o se hacen los negocios hoy en día. Medimos el éxito en seguidores y me gusta, cambiando así toda la estrategia que teníamos desde un principio y llevando a cabo acciones que confunden a nuestro público, perdiéndolos, así como prospectos. Pero lo que es más graves, nos perdemos a nosotros mismos. Nuestra filosofía se muere.

La ansiedad mata la lealtad

Lo que ocurre hoy en día es que podemos ver a nuestra competencia. Observamos el jardín del vecino y creemos que está teniendo más éxito que nosotros con las acciones sociales que lleva a cabo, así que decidimos cambiar totalmente nuestra estrategia y hacer lo mismo sin preguntarnos si es parte de nuestra naturaleza como vendedores o que efecto causará a nuestros clientes. Por ejemplo, digamos que vendes perfumes y sueles publicar imágenes de las flores que llevan cada frasco donde se te ve a ti de forma elegante y profesional. Pero entonces ver el perfil de una vendedora de la competencia y como sus fotos obtienen más Me gusta que tú porque ella las hace siempre en bikini. Así que cambias tu estrategia y haces lo mismo, los clientes que te compraron dejaran de compartirte o darte Me gusta

147

porque se sienten incomodos y tus perfiles se llenaran de hombres que te aseguro que no quieren comprar tu perfume, quieren más imágenes tuyas. ¿Entiendes lo peligroso que es cambiar la estrategia por mirar al otro? ¿Por estar ansiosos en tener éxito?

La mejor solución es que no mires a tu competencia. No la sigas. No les comentes ni les des Me gusta. Solo existes tú y tus clientes, céntrate en hacer tu rutina social e irte de las redes sociales, que solo sea una herramienta de trabajo, no de tortura.

Internet = Exposición a las críticas

Otra de las razones por las que un vendedor puede ser desleal a uno mismo son las críticas. Internet es un lugar maravilloso para buscar grandes productos gracias a las críticas. Podemos saber si un producto es para nosotros leyendo más los comentarios de otros clientes que la misma descripción del producto. Así que debes de tener muy en consideración, **¿Qué están diciendo de tu producto en internet? ¿Y que están diciendo de ti como vendedor?**

Pero, para empezar, **¿cómo se consiguen esas reseñas de otros clientes?**

En la mayoría de los perfiles sociales existe la opción de que las personas valoren tus servicios, pero lo mejor es que tomes la iniciativa. Ya que un vendedor exitoso siempre da el primer paso a ser reseñado. Para ello crea una serie de preguntas que el cliente deberá responder, como una encuesta, y envíasela a través de WhatsApp o por email. Para medir la satisfacción del producto ve al capítulo 9 donde encontrarás la encuesta para el cliente.

Y tal y como ya he dicho, también se debe medir tu trabajo. Estas son las preguntas que hacen los mejores vendedores del mundo:

1. ¿Has sentido que te he informado bien del producto?

2. ¿He resuelto todas tus dudas acerca del producto?

3. ¿Te has sentido escuchado/a?

4. ¿Qué adjetivo me darías para definirme como vendedor?

5. ¿Crees que podría mejorar algo en mi presentación?

6. ¿Por qué me has comprado el producto? Y en caso de que no lo haya hecho ¿Por qué no has comprado el producto?

Si te han enviado la reseña, publícala en tus perfiles sociales. Crea un álbum o un hito por cada buena reseña. Añádelo también a tus testimonios en tu página web como vendedor profesional.

¡Perfecto! Ahora sabes cómo conseguir reseñas dando paso a la siguiente cuestión.

Después de recibir una reseña positiva

¡Alégrate! Alguien te ha hecho un buen comentario, lo que significa que más personas confiarán en ti gracias a que has hecho de manera excelente tu trabajo como vendedor.

Muchas personas se quedan con la emoción y luego escriben un "*gracias*" acompañado de un emoji, pasándose por alto la cantidad de beneficios que le puede otorgar una reseña positiva. Por eso he creado una serie de paso de lo que debes hacer si recibiste un comentario positivo.

•   Escribe a la persona en público donde escribió la reseña y agradécele con un mensaje sincero donde especifiques que producto compró y expliques que gracias a tu seguimiento obtendrá los beneficios aún más rápido. De esta manera tus prospectos verán que haces seguimiento como todo buen vendedor.

•   Escríbele en privado agradeciendo de nuevo y coméntale que has publicado en tus perfiles un agradecimiento público, invítala que vaya a verlo y comparta con sus amigos ya que le harás un descuento o un

regalo en la próxima compra.

•	Crea una publicación con el comentario e incluso la imagen del nuevo cliente y señala que todo amigo o amiga que comparta la imagen del nuevo cliente, obtendrá un descuento o un regalo.

Como ves un comentario positivo no debe quedarse nunca en solo un agradecimiento, como vendedor que va hacía una vida mágica debes sacar el mayor beneficio de tus grandes ventas. Así, que pregúntate siempre ¿qué más puedo hacer?

Después de recibir una reseña negativa

Demos paso a las negativas, las cuales son tan importantes como las positivas ya que podemos mejorarnos como vendedores y convertir esa negatividad en algo positivo tanto para el cliente como para nosotros.

Existen 2 tipos de reseñas negativas: Negatividad hacía el producto al haberlo comprado y Negatividad hacia el producto sin haberlo comprado. Empecemos con la primera.

Negatividad hacía el producto al haberlo comprado
Cuando un cliente ha comprado un producto y no le ha ido tan bien como esperaba, algunas personas suelen ir directamente al perfil social del vendedor y soltar toda su furia en el teclado. **Lo primero que tienes que hacer es respirar hondo y leer el comentario con total tranquilidad, piensa que esa persona se siente un justiciero**, cree que al hacer una reseña así está salvando a otras personas de comprar un producto que parece que no es para él.

Antes de responderle debes admitir si el producto era realmente para esa persona. Así que respóndete a las siguientes preguntas:

•	¿Necesitaba esta persona el producto realmente?
•	¿Mencione todos los beneficios?
•	¿Exageré sobre el tiempo en que se notan los beneficios?
•	¿Le hice un seguimiento correcto?
Si hiciste todo de manera correcta, prepara tu respuesta a partir de este modelo de texto:

Hola_______________ Siento mucho leer que el producto no era lo que esperaba, me habría gustado que me lo dijeras durante el seguimiento. Realmente creí que el producto era para ti debido a sus beneficios. Te he escrito por privado para que lo hablemos más detalladamente. Un saludo.

Lo que consigues con este mensaje es que las personas que lean el comentario negativo recapaciten y vean que el producto simplemente no era para esa persona. Si te responde diciendo que no desea hablar contigo, la persona se muestra como alguien testaruda, lo cual el público ya no tomara en importancia pues tú has sido educado/a. Pero si cede a una conversación, ahí es donde toca convertir a un cliente insatisfecho en un cliente feliz gracias a los siguientes pasos:

1. Salúdale y vuelve a repetirle la sorpresa que te causa que el producto no le haya funcionado tal y como le dijiste. **Indaga en el problema, tal vez esté cometiendo un error en su uso**.

2. **Pregúntale si querría reunirse para que juntos veáis cual es el problema** y así el no pierda su dinero ni tú un cliente.

3. **Agradece el comentario** ya que es un llamado de atención para seguir mejorándote como vendedor.

Si el cliente decide reunirse contigo notarás que está más calmado al recibir tú ayuda, intenta mantener tu compostura y escúchale ya que puede que te de nuevas ideas de cómo explicar el producto para que no vuelvas a tiene otro cliente insatisfecho.

Negatividad hacía el producto sin haberlo comprado
En las redes sociales ocurre muchísimo que algunos vendedores crean anuncios sobre sus productos y un usuario comenta cosas como *"otra mentira más", "un producto carísimo que no sirve para nada"* o *"dice que te ayuda, pero no es verdad"*. Esta clase de clientes son como los Clientes Mirones, que están esperando que el vendedor en realidad les diga: con mi producto no te pasará nada de eso. **Comentarios así son en realidad una mina de oro, pues son prospectos que suelen comprar en internet y que están pendientes de conseguir productos nuevos. Así que tratamos gentilmente.**

Para responder a un comentario así, utiliza el siguiente texto:

Hola_______________, gracias por tu comentario. Me sorprende que aún no hayas probado mi producto, pero aun así lo califiques con tales palabras. Siento mucho que no hayas obtenido los beneficios que esperabas con los demás, pero te aseguro que mi producto es tal cual está en la descripción. Me encantará hablarte más de él, te he escrito por privado para entrar en detalles. Un saludo.

Esta respuesta es majestuosa, ya que acabas de decirle al público que esa persona no es un cliente, que no está hablando realmente de tu producto y de que ofrece los beneficios que dices en la descripción.

Ahora bien, centrándonos de nuevo en el comentario, debes ir a escribirle por privado a la persona siguiendo los siguientes pasos.

1. **Salúdala y pregúntale cuales son esos productos que probó y que le fueron tan mal**. Investiga un poco por encima y encuentra en que se diferencia tu producto de los demás y enumera las cualidades.

2. Pregúntale si querría hacer un video conferencia para que le expliques y muestres incluso el producto.

Como te he dicho, estos usuarios son personas enfadadas, así que si ves que no muestra mucho interés y que solo deseaba quejarse, pásala a tu lista de "*madera falsa*".

Teniendo en cuenta cómo responder a las reseñas tanto positivas y negativas, seguir tu rutina social y ocuparte solo de tus prospectos, conseguirás ser leal a ti mismo y sobre todo convertirte en el mejor vendedor del Siglo XXI.

23
Las 10 leyes del Vendedor

¡Aplícalas si deseas una vida mágica!

Desde tiempos remotos las normas han ayudado a la sociedad a ser civilizada y diferenciar lo que está bien de lo que está mal, por eso he creado las 10 leyes del Vendedor, aquellas que debes seguir en tus perfiles sociales y que te ayudarás a ser leal a ti mismo/a no solo como profesional sino también como ser humano.

1. **Primer Ley: Comparte siempre la verdad.**
   Escribe sobre tu estilo de vida, sobre tus clientes y tus aficiones, sé humano antes que vendedor.

2. **Segunda Ley: Sé pacifico/a.**
   Nunca respondas con insultos, aunque te llamen estafador o digan que tu producto no es tan bueno, tú sabes sus beneficios y tus clientes también, lo mejor es bloquear a esa persona.

3. **Tercera Ley: Positivo/a las 24h/7**
   Que todo lo que publiques sea de temas positivos, así solo podrás atraer buenas cosas a tu vida.

4. **Cuarta Ley: Presume solo de Bienestar.**
   Muchas personas comparten sus cheques en las redes sociales, ya que tú no vendes dinero, vendes primero un producto, los beneficios por privado.

5. **Quinta Ley: Segmenta tu público.**
   Habla con personas que están dentro de tu público, es decir, que podrían estar interesados en tu producto.

6. **Sexta Ley: Sé original.**
   Envía mensajes personalizados para cada persona, así se sentirán apreciadas y relajadas porque primero están hablando con un ser humano.

7. **Séptima Ley: Rodéate de ganadores.**
   Lee los blogs de gente de éxito, mira que publican y aprende, que no sean competencia, sino mentores para ti.

8. **Octava Ley: Sigue tu rutina.**
   Una venta online es tan importante como una física, respeta cada lugar en la agenda.

9. **Novena Ley: Solicita reseñas online.**
   Un buen vendedor debe recordar siempre pedir una reseña y así crearse un nombre en el mundo online.

10. **Décima Ley: Sé Leal a ti mismo.**
    Diseña unos parámetros que vas a seguir según lo que deseas conseguir y no los cambies, aunque creas estar equivocándote, síguelos por 90 días para comprobar si funciona la estrategia.

Cuestionario: La Lealtad del vendedor

(Ver respuestas correctas al final del Libro)

1.	¿Es beneficioso observar las redes sociales de la competencia?:

a)	Sí

b)	No

2.	¿Qué ocurre al cambiar la estrategia online?:

a)	Perdemos tiempo

b)	Perdemos nuestra filosofía

3.	Escribe a que Ley del Vendedor pertenecen estas acciones: Enviar mensajes personalizados:

Leer blogs sobre gente de éxito:

Compartir estilo de vida:

Compartir positividad:

Respetar la agenda:

Pedir una reseña:

4.	¿Cuándo se debe pedir una Reseña?:

a)	Cuando compra la segunda vez

b)	Siempre que compre

5.	¿Qué hacer tras recibir una Reseña positiva?:

a)	Dar las gracias

b)	Agradecer y compartir

6.	¿Qué hacer tras recibir una Reseña negativa?:

a)	Agradecer y resolver

b)	Bloquear el contacto

Este punto de venta se resume con las siguientes frases:

"En internet surge una más importante y es la Lealtad a uno mismo."

"Observamos el jardín del vecino y creemos que está teniendo más éxito que nosotros con las acciones sociales que lleva a cabo."

"¿Entiendes lo peligroso que es cambiar la estrategia por mirar al otro? ¿Por estar ansiosos en tener éxito?"

"La mejor solución es que no mires a tu competencia. No la sigas. No les comentes ni les des Me gusta. Solo existes tú y tus clientes."

"No mires a tu competencia. No la sigas. No les comentes ni les des Me gusta. Solo existes tú y tus clientes."

> *Primer Ley: Comparte siempre la verdad.*
> *Segunda Ley: Sé pacifico/a.*
> *Tercera Ley: Positivo/a las 24h/7*
> *Cuarta Ley: Presume solo de Bienestar.*
> *Quinta Ley: Segmenta tu público.*
> *Sexta Ley: Sé original.*
> *Séptima Ley: Rodéate de ganadores.*
> *Octava Ley: Sigue tu rutina.*
> *Novena Ley: Solicita reseñas online.*
> *Décima Ley: Sé Leal a ti mismo.*

"Otra de las razones por las que un vendedor puede ser desleal a uno mismo son las críticas."

"¿Qué están diciendo de tu producto en internet? ¿Y que están diciendo de ti como vendedor?"

"¿Cómo se consiguen esas reseñas de otros clientes?"

"Ya que un vendedor exitoso siempre da el primer paso a ser reseñado."

"Si te han enviado la reseña, publícala en tus perfiles sociales."
"Escribe a la persona en público."

"Invítala que vaya a verlo y comparta con sus amigos." "Crea una publicación con el comentario."

"Como vendedor que va hacía una vida mágica debes sacar el mayor beneficio de tus grandes ventas."

"Pregúntate siempre ¿qué más puedo hacer?"

"Existen 2 tipos de reseñas negativas: Negatividad hacía el producto al haberlo comprado y Negatividad hacia el producto sin haberlo comprado."

"Lo primero que tienes que hacer es respirar hondo y leer el comentario con total tranquilidad, piensa que esa persona se siente un justiciero."

"Lo que consigues con este mensaje es que las personas que lean el comentario negativo recapaciten y vean que el producto simplemente no era para esa persona."

"Indaga en el problema, tal vez esté cometiendo un error en su uso."

"Pregúntale si querría reunirse para que juntos veáis cual es el problema."

"Agradece el comentario."

"Comentarios así son en realidad una mina de oro, pues son prospectos que suelen comprar en internet y que están pendientes de conseguir productos nuevos."

"Salúdala y pregúntale cuales son esos productos que probó y que le fueron tan mal."

"Responder a las reseñas tanto positivas y negativas, seguir tu rutina social y ocuparte solo de tus prospectos, conseguirás ser leal a ti mismo."

24
El vendedor afiliado

¡Aprende el arte de afiliar!

El afiliado es hoy en día sinónimo de vendedor. Afiliar significa recomendar productos de manera online. El afiliado de hecho es muy querido por las empresas ya que pagan solo cuando estos les proporcionaba beneficios, es decir en el momento en que cierran ventas. ¿Ves que es como un vendedor solo que con diferente nombre?

La diferencia está en que normalmente los afiliados suelen vender a la base de contactos que le siguen en los perfiles sociales, teniendo en sus manos solo herramientas online. Ahora bien, ¿qué ocurriría si tú como vendedor físico combinaras lo mejor del mundo de los afiliados con lo que aprendiste hasta ahora? ¡Que serías imparable! Podrías contar con dos tipos de clientes en internet, los que quieren específicamente tu producto estrella y a los que puedes recomendarle aquellas cosas que vas descubriendo a lo largo de tu camino hacía una vida mágica.

Antes de empezar a darte los puntos importantes para convertirte en un vendedor afiliado, quiero que tengas en cuenta que este tipo de venta es una herramienta más para añadir a tu estrategia como vendedor.

Para empezar, debes saber qué tipos de afiliados existen el mercado actual y decidir cuál vas a ser tú.

Tipos de afiliados

Ser de un tipo de afiliado u otro depende del lugar de donde provendrán tus clientes. Para que lo entiendas mejor, imagina que deseas abrir un restaurante, pero no sabes qué clase de negocio serás, si de mesas blancas, donde los clientes entran por recomendación y el marketing que hagas en la ciudad o por espontaneidad, es decir, un lugar de calle en el que entraran para curiosear y por el buen posicionamiento.

En el mundo de los afiliados me gusta dividir a los vendedores en los siguientes 3 tipos:

- Afiliado esporádico.
- Afiliado persistente.
- Afiliado posicionado.

Afiliado Esporádico

El esporádico tiene cuentas en varios sitios relacionados más con las aficiones como libros, películas, compra de tecnología y demás productos para el entretenimiento. Recomienda a sus círculos o personas con las que habla de lo último que probó y le gustó. A veces incluso busca en grupos de redes sociales, personas que preguntan sobre un nuevo libro o película y él les comparte su enlace de afiliado.

Para ser este tipo de afiliado haz una lista de 10 libros que te recomendarías y crea un enlace de afiliado en la plataforma que desees, por ejemplo, en Amazon, luego recomienda la lista a tus amigos o publícala en tus redes sociales. Es una gran manera de recibir audiencia y mostrar que dedicamos tiempo a instruirnos.

Muchos vendedores crean tiendas online con productos afiliados, sin la necesidad de tener un stock, es perfecto para aquellos clientes que no entran en tu segmento, pues todo el mundo tiene alguna afición la cual puede estar entre tus recomendaciones.

Afiliado Persistente

Para ser Persistente debes tener una base de contactos al que recomendar productos, puedes utilizar los contactos que clasificaste como "madera falsa" y enviarles un email o un WhatsApp en el que les compartas el último lugar al que te fuiste de vacaciones con enlace de afiliado o una tienda de descuentos. A los persistentes les gusta recomendar a sus clientes cosas más específicas y que ofrece un beneficio más alto como son los viajes, alquiler de automóviles o tiendas especializadas.

Si combinas estos tipos de productos con los mensajes personalizados, serás imparable, ya que los prospectos no acostumbran a recibir propuestas hechas a medidas, por lo que tu mensaje será toda una sorpresa.

Afiliado Posicionado

El posicionado es el que todo afiliado sueña ser. Para llegar a este nivel es necesario escribir de forma constante en el blog y crear contenido de valor que nos posicione por encima de cualquier otra persona, así ganamos la confianza de los lectores y esta adquiere los productos que les recomendamos ya que siempre encuentran en cada post contenido útil. Para que lo entiendas mejor, imagina a un médico, que ayuda a sus pacientes en sus pequeños malestares y cuando llega el más grave hay que operar. El medico se ha ganado la confianza del paciente gracias a los pequeños consejos así que va a confiar totalmente en él cuando le recomiende una operación o un producto sin importar el precio.

El Riesgo de los Afiliados

No todo es un camino de rosas en el mundo de los afiliados. Incorporar esta estrategia a las ventas diarias supone un riesgo por aquello que recomendamos. Ya que, si abusamos de nuestros contactos, estos solo sentirán que deseamos venderles cada día, no que somos sus consejeros hábiles.

Por ello **limita tus recomendaciones dentro de tu agenda**. Organízate para que recomiendes al menos 1 vez a la semana los productos que utilizas a tus contactos. Solo a aquellos que aún no te compraron nada, los clientes fieles ya están enamorados de ti y tu producto, no necesitan que sepas que puedes recomendarles más cosas al menos que pregunten. Mantén esa elegancia del Siglo XXI para adquirir la gran vida mágica que deseas.

Convierte los clientes en Afiliados

Existen muchos productos que te permiten no solo ganar comisiones por recomendar productos, sino por recomendar a personas que recomienden a más personas. Seguro que te suena, es como un Multinivel pero limitado, donde solo ganas por unos pocos niveles y comisiones pequeñas.

Que tu cliente sea un afiliado puede sucederle tanto al físico como al online ya que ambos pueden recomendarte a otras personas que deseen tu producto.

¿Cómo conseguir que te recomienden clientes? Tienes dos cartas para jugar, una es la de comisiones y la otra son los descuentos. Me he encontrado con muchos clientes, sobre todo los Clientes de Acero, que al sugerirles una comisión por recomendarme a sus amigos me han respondido la mayoría de las veces: *"Oh no, no, yo se lo recomendé porque es usted un gran vendedor y realmente su producto me ayudó. Quédese usted con el beneficio". ¿Qué suelo hacer yo y miles de vendedores de éxito en estos casos?* Ofrecemos un descuento en la próxima compra dependiendo de la venta del cliente que nos ha recomendado. A muchas personas no les gusta recibir dinero, pero si un descuento. Les mantiene motivados, se sienten importantes porque se han ganado ese dinero y lo emplean en comprar nuevos productos. De esta manera te asegurarás que el cliente comprará tarde o temprano ya que tiene saldo en su cuenta que necesita ser consumido.

Puedes incluso crear un cupón con fecha de caducidad para presionar la compra y que así la persona sienta que tiene el dinero en sus manos y que solo tiene que usarlo.

En cuanto a las comisiones, los clientes que optan por ellas, suelen ser vendedores natos que aún no se han dado cuenta de su potencial. Utilízalos para que te recomienden a sus amigos y

círculos, e incluso haz que te acompañen en los cierres para que sean la tercera persona y así su amigo se sienta más relajado a comprar.

Ahora decide qué tipo de Afiliado deseas ser y añade a tu Sistema de Trabajo esta herramienta online.

Cuestionario: El vendedor afiliado

1. ¿En qué plataformas cuentas con enlaces de Afiliado?:

____

____

2. ¿Escribe 10 libros que recomendarías a tus círculos?

____

____

____

____:

3. ¿Cuántos "madera falsa" tienes actualmente en tu lista?:

____

4. ¿Cuántas recomendaciones harás a la semana?:

____

5. Haz una lista de 5 clientes a los que ves potencial de ser afiliados:

1. _______________________

2. _______________________

3. _______________________

4. _______________________

5. _______________________

Este punto de venta se resume con las siguientes frases:

"El afiliado es hoy en día sinónimo de vendedor."

"La diferencia está en que normalmente los afiliados suelen vender a la base de contactos que le siguen en los perfiles sociales."

"Ser de un tipo de afiliado u otro depende del lugar de donde provendrán tus clientes."

"El esporádico tiene cuentas en varios sitios relacionados más con las aficiones."

"Recomienda a sus círculos o personas con las que habla de lo último que probó y le gustó."

"Para ser Persistente debes tener una base de contactos al que recomendar productos, puedes utilizar los contactos que clasificaste como "madera falsa" y enviarles un email o un WhatsApp."

"El posicionado es el que todo afiliado sueña ser. Para llegar a este nivel es necesario escribir de forma constante en el blog y crear contenido de valor."

"Limita tus recomendaciones dentro de tu agenda."

"Que tu cliente sea un afiliado puede sucederle tanto al físico como al online."

"¿Cómo conseguir que te recomienden clientes? Tienes dos cartas para jugar, una es la de comisiones y la otra son los descuentos."

"En cuanto a las comisiones, los clientes que optan por ellas, suelen ser vendedores natos que aún no se han dado cuenta de su potencial. Utilízalos para que te recomienden a sus amigos y círculos."

25

TIPS para vendedores del Siglo XXI

¡La receta de tu éxito online!

Tal y como te he mostrado en esta segunda parte del libro, el mundo online es realmente apasionante. Ante su siempre actualización puedes sentir que los clientes nunca se acabaran al igual que las estrategias que puedes probar. Por eso decidí ir un paso más allá y preguntar a grandes vendedores del Siglo XXI cuáles son sus principios básicos a la hora de vender en internet y lo que surgió fue una maravillosa lista de TIPS que considero el mantra del vendedor online.

Lo que deberías hacer es leerlas y copiarlas en tu agenda, divididas en días para que recuerdes cuales deben ser tus principios básicos a la hora de vender de forma online y así te asegurarás el éxito.

- Que tus redes sociales sean como tu traje de vendedor, limpias, organizadas e impecables.

- Una de las claves para vender en internet es la velocidad y la efectividad con la que respondes las dudas acerca de tu producto.

- Jamás digas el precio en un chat o en un comentario, crea la misma necesidad de comprar el producto que al hacer un cierre físico.

- Revisa varias veces lo que escribes en tus redes sociales e imagínate cómo van a reaccionar tus clientes y prospectos.

- Utiliza a tu Agencia de Marketing en el 90% del trabajo que requiere llevar una buena Marca Personal, el 10% es tu cierre.

- Recuerda que tu objetivo es vender, no crear una comunidad que solo te aporte Me Gusta.

- Enfócate en tener perfiles sociales allí donde pueden estar tus futuros clientes según su edad y comportamiento.

- Comparte sobre ti mismo/a ya que al final será en ti en quien confiarán a la hora de comprar.

- Recopila reseñas incluso si cierras una venta o no, aprende de lo que te dicen los prospectos.

- Usa las redes sociales como un puente hacia tu página web/video conferencia/ cierre físico, lo importante es que el destino sea vender.

- Examina el perfil de los prospectos para conocer sus gustos y así entablar la conversación previa a la venta.

- Personaliza siempre tus mensajes, consigue que cada prospecto se sienta importante.

- Evita intentar convertir la "madera falsa" en un cliente potencial.

- Siempre que elijas a un influencer asegúrate que entiende el valor de tu producto.

- Revisa los anuncios que hagas sobre tu producto y pregunte si comprarías el producto al ver la imagen y el texto.

- Transmite pasión en los videos que crees para tus redes sociales, que las personas vean a un vendedor con habilidad y confiable.

- Ten una pasarela de pago para que la venta se haga al 100% inmediata.

- Acepta los comentarios negativos y recuerda que los más afectados son los prospectos, debes protegerlos de malentendidos.

- Haz cada acción social pensando en los beneficios que obtendrían tus seguidores si compraran tu producto.
- Ten seguidores de calidad, que sean personas que necesitan tu producto.

- Sé leal a tu estrategia social, no imites a otros vendedores por que vendan tener más éxito.

- Utiliza internet como un pilar más de tu negocio.

- Examina los resultados de la misma manera en que examinas los resultados de tus ventas físicas.

- Sigue aprendiendo, actualízate, observa que está de moda y utilizado en tus conversaciones con prospectos.

- Aprende más sobre la gran pasión de tu prospecto para que sienta cuanto te importa que se sienta cómodo y valorado.

- Mantén a tus clientes informados de promociones y nuevos productos por medio de herramientas instantáneas.

- Utiliza el poder de internet para realizar un excelente seguimiento.

- Aporta enlaces de interés a tus clientes para que les ayude a comprender más tu producto.

Y con estos TIPS espero que hayas comprendido como ser un Vendedor del Siglo XXI y así perfeccionar tu sistema de ventas que te llevará a dejar la vida trágica y conseguir la vida mágica con la que tanto sueñas.

TERCERA PARTE

Perfecciona al Vendedor

La mayoría de los libros sobre venta suelen acabar llegados a este punto, donde se conoce los tipos de vendedores que existen, como hacer cierres de venta, tener un horario exitoso, la importancia de las redes sociales, como convertir los me gusta en ventas y todos esos términos que has encontrado aquí. Lo cual nos lleva a la siguiente gran pregunta: ¿es suficiente? Un vendedor puede conseguir su vida mágica con 22 capítulos. La respuesta es que sí, pero tendrás que trabajar más duro que si sigues leyendo.

El ser humano es una especia que necesita la insistencia. Por eso existen las señales de tráfico, la publicidad televisiva, las noticias, los anuncios de que "fumar mata". Constantemente necesitamos que nos confirmen que es bueno hacer y que no. Y de eso va esta tercera parte, de ser la perfección del vendedor.

Tienes que verte como Van Gogh en los siguientes capítulos, tan obsesionado con la perfección que fue capaz de arrancarse una oreja para recordarse que no había hecho el cuadro perfecto. La perfección está en tu mano, solo necesitas continuar este camino hacía tu vida soñado y encontrarás como con la práctica te conviertes en el vendedor perfecto.

26
Todo comienza con tu Historia

¡Inspira y vende!

Ya hemos hablado de **lo importante que es contar tu experiencia con el producto, parte de tu historia se basa en que gracias a encontrar a la empresa que representas tu vida cambió de manera positiva.** Pero si contamos solamente lo bien que nos va con el producto, sería como contar el final de una película, donde el inicio y la trama quedan en segundo plano, las cuales son la pieza clave para decidir si quedarte viendo el resto de la película.

¿Cómo contar una buena historia? Un vendedor es una especie de escritor con un único objetivo: conseguir que su público quiera lo que le hizo ser tan feliz. Por ello cuando cuentes tu historia **mantén las emociones claras en cada parte**, si cuentas algo triste no lo hagas riéndote al igual que a la inversa. Aprende que emociones van con cada parte de tu historia.

Es **importante que sepas cuando comenzar con el inicio**, es decir, identificar el momento perfecto para comenzar a contar tu historia. Ante tantas veces que he contado mi historia en mis cierres, he desarrollado una serie de pautas para identificar cuando el cliente pide a gritos saber cómo empezó el amor entre el vendedor y el producto. Así que he aquí algunas preguntas que son tu señal de salida y la que puede ser la frase inicial de tu historia:

1   . ¿Tomas el producto?

Respuesta: Así es, desde hace ______, conocí el producto cuando…

2   . ¿Cómo sé que el producto es para mí?

Respuesta: Porque también lo fue para mí. Cuando conocí el producto…

3   . ¿Cuánto tiempo tardó en funcionarte?

Respuesta: Pues   , comencé a tomarlo porque….

Es importante saber las palabras correctas para que el cliente se sienta realmente enganchado con tu historia. Lo mejor es saber cómo comenzar y como darle punto final.

Toda Historia comienza con el "Por qué"

En el 2005 *Steve Jobs* dio un discurso en Stanford el cual se ha deshilado por muchos expertos en ventas y definido como una de las mejores maneras en las que contar una historia. Siguiendo sus pasos en aquel discurso nos encontramos con que su discurso respondió a 4 preguntas esenciales y la primera de ellas es: *¿Por qué lo necesitamos?*

Esta es la pregunta que tiene en mente el posible cliente, **quiere saber por qué necesitaste el producto y saber si lo necesitará realmente**. Quiere solo esa respuesta en el inicio de tu historia.

Para que acabes este capítulo con tu historia escrita y así puedas usarla en tu próxima presentación, levántate y ve por una hoja en blanco y un bolígrafo. Vas a convertirte en este capítulo en el autor de tu propia historia. Vas a ser el biógrafo.

- Piensa que eres el autor de tu novela favorita y que tú eres el personaje protagonista. **Toda buena historia comienza con una gran tragedia, así que cuenta como era tu vida antes del producto.**

Este sería un ejemplo de tragedia: Mi vida era simple, solía levantarme para trabajar cada mañana sin emoción apenas. Invertía 8h de mi tiempo en la oficina, mi tiempo libre solía emplearlo en

171

estar cansado y de mal humor. Realmente creía que no existía otra manera de hacer dinero.

Si examinamos este inicio de historia verás cómo resalta el drama, es decir, que era lo que no le gustaba de su vida. Si era tener sobrepeso, eso es lo que debes resaltar o tener alergia en la piel. Lo importante es que cuentas tu vida antes del producto, como parecía no tener solución.

Ahora escribe tu vida antes de conocer el producto que distribuyes.

¡Perfecto! Ahora que tienes escrito el inicio, continuemos.

- Acabas de contarle al cliente como era tu vida antes, pero eso no es suficiente para responder a la pregunta de *¿Porque lo necesitamos?*, necesitas llegar a la trama, es decir; al momento en que todo se derrumba. Todo el mundo tiene un momento de su vida así.

Siguiendo la historia de arriba, esta sería la continuación: *Así que conocí el mundo de las inversiones. Me pareció la solución a todos mis problemas, podía trabajar desde casa, ganar dinero de forma sencilla. Al principio me fue bien, confié en una empresa… (Importante las pausas y suspiros, debes advertir de que algo trágico va a pasar en la historia) y cuando creí que mi vida estaba solucionada, la empresa cerró y se llevó todo mi dinero.*

En este punto es cuando el vendedor siente que eres humano, una persona más que se ha equivocado. Y es que todos hemos metido la pata más de una vez, si vendes productos de belleza, seguro que has probado infinidades de marcas hasta encontrar la tuya, si es un seguro médico, habla de la incomodidad de que no te cubra lo que te prometieron…destapa tus errores con otros productos parecidos.

Sabiendo esto, escribe tu parte dramática, que productos parecidos al que vendes usaste y como te decepcionaron.

Una vez lo has escrito es momento de pasar a la siguiente pregunta.

La Trama del "Qué es"

Si nos fijamos en uno de los libros más vendidos de nuestros tiempos, *Harry Potter*, veríamos claramente la utilización del "Qué es" justo después del gran inicio. **Esta segunda parte se refiera a que es lo que solucionará un principio tan dramático**. En el caso de Potter es ser mago, descubrir algo así le quita la pesadez de unos tíos que le odian y un mundo que no le comprende.

- Como vendedores debemos vender el encontrar le producto con la misma emoción que si descubriéramos como somos magos. Para ello debemos saber crear el ambiente, es decir llegar hasta ese momento.

Continuando la historia, sería así: *Me sentía triste porque acababa de perderlo todo, prometiéndome incluso que no volvería a invertir jamás. <u>Hoy agradezco haber hecho todo lo contrario.</u>*

He subrayado la frase porque es una de las partes más importantes de la historia, es el rayo de luz que muestra que hay esperanza en la historia a pesar de que todo parece realmente perdido.

Continúa tu texto añadiendo ese rayo de luz.

- **Y entonces llega el momento de decir lo que dio esperanza a tu drama.** El cliente ya sabe que fue el producto que le estás vendiendo lo que hizo posible que estés frente a él con gran elegancia y aspecto de generar grandes ingresos, pero quiere saber cómo conociste el producto.

La cual sería similar a esta: En aquella situación un antiguo amigo del colegio me llamó para quedar a tomar algo. *Acepté por tal de salir un poco de mi mente, cuando esté me vio me preguntó qué había pasado. Le conté la historia a lo que él muy serio dijo: Amigo, yo invierto en una empresa segura y jamás me ha pasado algo así. Sorprendido le pedí que me hablara de esa empresa, la cual es la que te presento hoy.*

Cuando el "qué es" se ha desvelado, el cliente siente que te conoce. Desde el momento en que cuentas tu tragedia siente que sabe quién fuiste y quien eres ahora.

Para finalizar la segunda parte de la historia, escribe como conociste el producto.

El Desarrollo del "Cómo funciona"

Los mejores directores de cine dicen que esta es la parte donde se sabe si la película tendrá éxito o no. Es donde el argumento puede dar un giro que sorprenda al espectador o seguir sin pasar realmente nada.

- **Un buen vendedor debe saber dar ese giro, sorprender al cliente con el** "Cómo Funciona". Lo que quiere saber realmente es como te funcionó a ti la primera vez. A nadie le gusta sentirse torpe, por eso nos encanta que nos cuenten las tragedias de otros, para verificar que su vida es peor que la nuestra. Así que lo que el cliente desea saber es como te fue la primera vez que usaste el producto.

Continuemos con la historia para que comprendas aún mejor este punto: Acepté invertir en la empresa, al principio temía, miraba cada vez que una de mis inversiones bajaba, escribía a mi amigo cada día con el temor de que me hubiera estafado, pero siempre respondió, como sigue haciendo hoy.

En esta parte se deben mostrar tres cosas: La primera es que no eras un profesional cuando comenzaste. La segunda que hay alguien con más experiencia que hoy sigue asesorándote, usando así el poder de la tercera persona. Y la tercera es que tú también atenderás las dudas del cliente como hizo tu mentor contigo. Esto le tranquilizará.

Sabiendo esto, escribe como fueron tus primeros días con el producto y el asesoramiento que recibiste por parte de la empresa o tu mentor.

- El siguiente tramo sería **contar como aprendiste a utilizar el producto,** tus primeros pasos y como la esperanza había vuelto a ti.

Fíjate como continúa la historia: *Poco a poco fui aprendiendo a confiar y a hacer inversiones más estratégicas, confiando al 100% en la empresa.*

Lo importante es mostrar que ganaste, que de verdad obtuviste los beneficios de los que hablas.

Ahora escribe como fueron tus inicios.

¡Y pasemos al gran final!

El Gran final "Cómo cambiaría el Mundo"

Un **buen final debe ser claro, sin confusiones**. Todos queremos saber que ocurrió con el protagonista y con el villano, por eso es tan importante que sepas dar el final perfecto a tu historia. Evidentemente no será un final de finales, ya que estás ahí, con el cliente frente a ti. Debe ser el final de la tuya y el comienzo de la suya.

- **Para conseguir el gran final debemos respondes al *"Cómo cambiaría el mundo"* del cliente**. Pero para ello debemos decir como cambio el nuestro.

  El final de la historia de ejemplo sería así: *Y desde aquel día que decidí invertir estoy orgulloso de decir que me ha dado los beneficios que se me prometieron, dándome no solo la confianza para seguir invirtiendo, sino también para representarla y estar aquí delante de ti, aconsejándote a hacer lo mismo.*

  Tenemos que ver este punto con una declaración de amor, debemos decirlo con la misma pasión que lo haría un actor enamorado durante años de la protagonista. El cliente debe sentir nuestro deseo por ayudarle.

Al decir el gran final no hables más, deja que el cliente digiera toda la historia. Piensa que eres Romeo y acabas de morir junto a Julieta, no te muevas hasta que el telón se cierre y ese telón son las palabras del prospecto. Cuando lo haga, comienza el cierre.

Diferenciar la Historia de la Presentación

Es importante que comprendas que una presentación es diferente a la historia. En una presentación te presentas como un vendedor, alguien que representa el producto. Pero la Historia es tu biografía, donde poner el sentimiento. Algunos clientes necesitan saberla y otros no, como te expliqué al inicio del capítulo las preguntas te dirán cuando contar tu historia.

Lo importante es que no la cuentes en el momento menos oportuno. Sucede que muchos vendedores comienzan contando su larga historia al inicio de una presentación, cuando el cliente no estaba interesado en saberla todavía, desviando su atención e incluso aburriéndole.

Así que estate preparado por si oyes una de las grandes preguntas para dar inicio a tu relato, en caso contrario, continua, ya que ese cliente no necesita saber más.

Cuestionario: Todo comienza con tu Historia

Presenta tu historia en la próxima presentación y ven a este cuestionario para responder las siguientes preguntas:

1. ¿Qué sentiste al contar tu historia?:

____

____

2. ¿Te interrumpieron en algún tramo?

____

____

3. ¿En algún momento te sentiste incomodo contando tu historia?

____

____

4. ¿Te hicieron preguntas sobre tu historia? Si es así,

¿Qué te preguntaron y qué hiciste?

____

____

5. ¿Se sintieron identificados los clientes con tu historia?

____

Si has respondido afirmativamente a las preguntas 2, 3 y 4, es necesarios que revises tu historia. Vuelve a leer este punto y asegúrate que has escrito correctamente tu testimonio hasta que todas tus respuestas sean afirmativas.

Este punto de venta se resume con las siguientes frases:

"Lo importante que es contar tu experiencia con el producto, parte de tu historia se basa en que gracias a encontrar a la empresa que representas tu vida cambió de manera positiva."

"¿Cómo contar una buena historia? Un vendedor es una especie de escritor con un único objetivo: conseguir que su público quiera lo que le hizo ser tan feliz."

"Mantén las emociones claras en cada parte."

"Es importante que sepas cuando comenzar con el inicio."

"Es importante saber las palabras correctas para que el cliente se sienta realmente enganchado con tu historia."

"Quiere saber por qué necesitaste el producto y saber si lo necesitará realmente."

"Toda buena historia comienza con una gran tragedia, así que cuenta como era tu vida antes del producto."

"En este punto es cuando el vendedor siente que eres humano, una persona más que se ha equivocado."

"Esta segunda parte se refiera a que es lo que solucionará un principio tan dramático."

"El rayo de luz que muestra que hay esperanza en la historia a pesar de que todo parece realmente perdido."

"Llega el momento de decir lo que dio esperanza a tu drama." "Cuando el "que es" se ha desvelado, el cliente siente que te conoce."

"Un buen vendedor debe saber dar ese giro, sorprender al cliente con el "Como Funciona."

"En esta parte se deben mostrar tres cosas: La primera es que no eras un profesional cuando comenzaste. La segunda que hay alguien con más experiencia que hoy sigue asesorándote, usando así el poder de la tercera

persona. Y la tercera es que tú también atenderás las dudas del cliente como hizo tu mentor contigo."

"Contar como aprendiste a utilizar el producto." "Un buen final debe ser claro, sin confusiones."

"Para conseguir el gran final debemos respondes al "Cómo cambiaría el mundo" del cliente."

"En una presentación te presentas como un vendedor, alguien que representa el producto. Pero la Historia es tu biografía, donde poner el sentimiento."

179

27
TIPS para Perfeccionar tu Historia

¡Sigue buscando la perfección!

Hace poco finalice la famosa serie de Amazon llamada La maravillosa Señora Maisel, es una serie que recomiendo ver a todas las mujeres vendedoras, pues enseña cómo vender en un mundo de hombres, en el caso de la historia, como comediante en el año 1958.

En uno de los capítulos se le insiste a que haga sus números de comedia una y otra vez hasta perfeccionarlo. La medida de perfección que usa son las risas, compara varias maneras de medir sus monólogos hasta obtener el mayor número de risas.

Todo vendedor debe tener su propia manera de medir el éxito de su historia y no hay mejor manera que observando los resultados. Así que emplea la historia que has escrito en el capítulo anterior en tus cierres y apunta al final de cada reunión tal y como se te indiqué en el capítulo 2.

La perfección puede alcanzarse en el plano de vendedor si incluyes los siguientes TIPS:

1. Cuenta las cosas tal y como fueron, no intentes exagerar los beneficios.

2. Muestra con imágenes tu vida de antes y la de ahora, así añadirás pruebas reales.

3. Narra tu historia una sola en la cita vez para que así cause el efecto deseado.

4.   Utiliza un vocabulario sencillo para que el prospecto no se pierda ni un solo detalle.

5.   Identifica lo que es importante contar.

6.   Grábate a ti mismo contando tu historia así podrás ver de qué manera te ven tus clientes.

7.   Utiliza un lenguaje corporal para captar mejor la atención.

8.   Asegúrate que el oyente está listo para oír tu historia.

9.   Muestra testimonios de otras personas si tu historia aun no es poderosa o eres un vendedor muy reciente.

10.   Utiliza el tono correcto en cada parte de la historia, emocionante cuando sea el momento y sonríe en la parte correspondiente.

11.   Cuenta la historia de una vez, no la dividas en tu presentación pues interrumpirás el proceso de cierre.

12.   Relata tu historia a tus amigos más cercanos y pídeles observaciones, preguntarles si se sienten identificados.

13.   Busca videos de grandes vendedores y busca sus historias, te recomiendo a Anthony Robins, sabe el tono perfecto para la tragedia y la alegría.

14.   Recalca lo que ocurre al utilizar el producto antes y después, que el cliente sienta que le vas a asesorar siempre.

15. Observa que nada distraiga tu historia, el cliente debe estar listo para escuchar.

16. No te levantes, en caso de que estéis sentados, ya que la persona sentirá que intentas superarla.

17. Cuenta la historia con elocuencia, pero sin herir el ego del otro.

18. Muestra que eres mejor persona desde que empezaste a usar el producto.

19. Evita hacer preguntas durante tu historia o las respuestas del cliente te desconcertarán.

20. Cíñete al guion de tu historia, puede que cada cliente sea diferente, pero tu historia debe ser siempre la misma.

21. Si te olvidas de alguna parte importante de la historia, intenta encajarla si el cliente muestra sus dudas sobre el producto, puede que sea la razón por la que aún no ha comprado.

22. Mantente firme en tu historia, aunque el cliente la ponga en duda ya que no ganarás nada entrando en conflicto.

23. Incluye un factor sorpresa en tu historia para que el cliente esté atento.

24. Evita el uso de datos o palabras complejas, lo importante es que la persona te vea como una persona normal que un día estuvo en su lugar.

25. Introduce un poco de humor en tu historia para que la parte dramática no sea la única que cause un gran impacto.

26. Utiliza un tono de voz enérgico y mantén el cuerpo erguido, así las palabras saldrán con mayor fuerza.

27. Evita distraerte con cualquier objeto mientras cuentas tu historia, ya que también distraerás al cliente.

28. En caso de que suene el teléfono del cliente, detente ya que no te estará escuchando hasta que no deje el aparato.

29. Cuenta tu historia siempre y cuando tengas 30 minutos más para el cierre, lo importante es cerrar la venta, es la razón por la que cuentas tu historia.

30. Que tu historia dure menos de 10 minutos.

28
Compra lo que vendes

¡Vende con el ejemplo!

Hace poco un vendedor novato me preguntó: *Jose, hago todo lo que dicen los grandes vendedores del mundo y aun así no tengo resultados. ¿Qué hago mal?* Miré al hombre de arriba a abajo y le pregunté: *¿Qué vendes?* Orgulloso respondió: *Corbatas de lujo.* Observé la suya y definitivamente no era de lujo, así que le señalé su propia corbata y le dije: *Por eso no vendes, ni siquiera tu llevas tu propio producto.* Y entonces obtuve la respuesta que debería tener prohibida todo vendedor: *Mi producto es muy caro, no me lo puedo permitir todavía.* No daba crédito a lo que acababa de oír. **Un vendedor que cree que su producto es caro es un vendedor trágicamente pobre.**

¿Cómo vas a vender algo que no te permites comprar tú? Eso elimina totalmente la confianza del cliente, no da la oportunidad de que cuentes tu historia o hables de como mejoró tu vida, los beneficios se quedarán en solo palabras, no en hechos. Por eso es importante que compres lo que vendes.

Pero es muy caro…si esta frase sigue retumbando en tu cabeza, también lo hará en la de tus clientes y tus ventas serán realmente pobres porque irás a gente que también es pobre.

Hace poco decidí hacer una afirmación trampa a todo aquel que me quisiera vender algo y ver su reacción. La frase es la siguiente: *Tu producto es un poco caro.*

Obtuve tres clases de respuestas a esta afirmación, las cuales me decían cuanto ganaba el vendedor:

Primera Respuesta: Tienes razón, es más caro que los productos convencionales, pero los beneficios son mayores.

Bolsillo del Vendedor: Un vendedor que afirma algo así es un vendedor que ha estado toda la presentación pensando en que su producto es caro, por lo que ha atraído esa clase de respuesta.

La Respuesta correcta sería: Es más caro un producto de peor calidad y que no ofrece los beneficios del mío.

- -

Con esta respuesta no estás dándole la razón al cliente ni quitándosela, simplemente mencionas un balance con el que comparar tu producto.

- -

Segunda Respuesta: Si te parece caro, vende la televisión y así podrás comprarte algo que de verdad merece la pena.

Bolsillo del Vendedor: La agresividad de este vendedor muestra su ansiedad por vender, tanto que suele tratar mal a sus clientes.

La Respuesta correcta sería: No es más caro que un televisor y evidentemente los beneficios son mayores.

- -

Si lo que quieres mostrarle al cliente es que en su casa posee productos muchos más caros y sin beneficio alguno, debes saber usar las palabras y el tono correcto.

- -

Tercera Respuesta: Caro será para ti, pero tengo clientes con mucho dinero que lo consideran hasta barato.

Bolsillo del Vendedor: Lo primero que piensa un cliente al oír esta frase es: "no tiene ni un solo cliente", ya que el que presume mucho, escasea.

La Respuesta correcta sería: Bueno, tal vez no sea para ti.

Al dar esta respuesta estamos excluyendo al cliente de las personas que, si pueden permitírselo, creándole más deseo de adquirirlo para no permanecer fuera del círculo del lujo.

Evita estas preguntas

Estas preguntas y respuestas pueden evitarse de la manera más simple. Usando el producto. Una persona que ve el reloj, el coche o el maquillaje que le estás vendiendo en tu posesión, no va a decir que es caro, ya que eso sería admitir que su estilo de vida está por debajo del tuyo. Así que compra el producto, esa debe ser tu primera inversión.

En caso de que no sea algo físico, como un seguro, un programa de educación o inversiones, muestra que eres de la clase VIP en tus cierres.

Con estas acciones podrás crear un ambiente de lujo donde el cliente sentirá que está a punto de entrar en la clase elite de los compradores.

Acciones según el producto que vendas:

- **Productos Nutricionales**: No pidas refrescos durante el cierre, mejor té y no añadas azúcar.

- **Productos Artesanales:** Pide vino, cerveza o zumos artesanales, que te aseguren que han sido recolectados a mano.

- **Productos Online**: Muestra como haces una reseña al lugar donde estáis para que vea que estas conectado con el mundo online.

186

- **Productos Educacionales**: Ve con el libro que estás leyendo actualmente en la mano, muestra que te educas.
- **Productos Artísticos**: Lleva al cliente a un lugar donde se pueda apreciar arte y música, así el ambiente será el adecuado.

- **Productos de Ocio**: Habla de tus ocios aparte del que vendes, que vea que eres una persona que tiene conocimiento del tema.

- **Productos Medioambientales**: Ir a una cafetería vegana o vegetariana es lo mejor, así verá que eres alguien que cuida el planeta en todos los sentidos.

Definitivamente **para ser un vendedor perfecto debes utilizar y amar tu producto, ser la viva imagen de lo que vendes y nunca pensar que tu producto** es caro, porque no lo es. Piensa en Apple, por ejemplo, es muchísimo más caro que otros ordenadores, pero tener uno de sus productos en las manos siempre es símbolo de lujo, clase alta y elegancia. Eso son tus productos, calidad superior.

Cuestionario: Compra lo que vendes

(Ver respuestas correctas al final del Libro tras terminar)

1.   ¿Crees que tu producto es caro?:

   a)   Sí

   b)   No

2.   ¿Cuál de las siguientes respuestas es la correcta cuando un prospecto señala a tu producto de caro?:

   a)   Tienes razón

   b)   Tal vez no sea para ti

   c)   No más caro que las tonterías que compras

3.   ¿Cómo sueles mostrar en tus citas que eres el reflejo del producto que vendes?:

____

____

____

Este punto de venta se resume con las siguientes frases:

"Un vendedor que cree que su producto es caro es un vendedor trágicamente pobre."

"¿Cómo vas a vender algo que no te permites comprar tú?"

"Estamos excluyendo al cliente de las personas que, si pueden permitírselo, creándole más deseo de adquirirlo para no permanecer fuera del círculo del lujo."

"Así que compra el producto, esa debe ser tu primera inversión."
"Muestra que eres de la clase VIP en tus cierres."

"Para ser un vendedor perfecto debes utilizar y amar tu producto, ser la viva imagen de lo que vendes y nunca pensar que tu producto es caro."

"Eso son tus productos, calidad superior."

29
Siempre hay dinero

¡Y nunca pienses lo opuesto!

Todos conocemos a esa persona que siempre se está quejando de que no tiene dinero y sus acciones dicen lo contrario. *En mis inicios como vendedor un chico de mi equipo, que apenas empezaba me contó que iba a dejar de vender ya que nadie tenía dinero para comprar nuestro producto. Yo impresionado le pregunté que por qué decía algo así. Este me contó que había visitado a su hermana y cuñado para venderles el producto, pero estos dijeron que el precio era elevado y que no tenían dinero en aquel momento. Unas semanas después volvió a visitarles como cada fin de semana. Y ¿cuál fue su sorpresa? ¡En el salón había una nueva televisión de plasma de 2.500€! Cuando el producto que él deseaba que comenzaran a usar costaba menos de la mitad y les beneficiaría en cuanto a su salud.*

Aquello me hizo darme cuenta de una valiosa lección y es que **siempre hay dinero. Cuando el cliente te dice que no tiene dinero, te está mintiendo a ti y a sí mismo**. Ya que no tener dinero, significaría no contar con electricidad, con la nevera llena e incluso con agua para darte una ducha. En realidad, todo el mundo tiene dinero. Por lo que una persona que te dice "no tengo dinero" en realidad te está diciendo "no quiero gastar mi dinero en tu producto". Debes traducir la frase en tu cabeza de forma inmediata, en cuanto la oigas decir, como si te hablara en inglés y la pasaras al español. Así de rápido debe ser. Cuando has traducido la frase será el momento de usar la estrategia que estoy a punto de enseñarte.

El Contraataque

Lo que un posible cliente espera que ocurra cuando dice la frase "no tengo dinero" es una despedida y unas gracias por tu tiempo. Pero eso solo lo haría un vendedor que quiere seguir en la misma vida trágica de siempre, pero un vendedor perfecto que va hacia una vida mágica, estaría preparado para esta clase de respuesta con una tabla de comparaciones.

Es algo que se utilizan en las mejores empresas del mundo. **Se trata de una tabla donde se compara a la competencia con el producto de la compañía.** Lo único que tienes que hacer es mostrar beneficios, precios y ahorro.

Sería algo así:

Producto	Precio	Calidad	Duración	Tiempo en resultados	Disponibilidad	Seguimiento	Garantía

Ten rellenada esta tabla para comparar tus productos con otros del sector, muestra como el tuyo gana en calidad, duración y beneficios. **Así el cliente sabrá que está realizando una compra inteligente**.

Si aun así el cliente dice que ahora no puede permitírselo, te aconsejo que pases a la siguiente herramienta: **Hacer un Presupuesto.**

Hacer un Presupuesto

Tienes que verlo de la siguiente manera: *Si una persona acaba de ser diagnosticada de una enfermedad que solo se cura a través de una operación el cliente no puede decir "no tengo dinero" e irse, si hace eso morirá. Lo que el cliente preguntará será: ¿cómo puedo pagarlo? Y el médico le ofrecerá las opciones, luego la persona irá a casa y hará un presupuesto para ajustar a su vida a aquella operación.*

Eso es justo lo que los vendedores debemos hacer, ajustar junto al cliente su presupuesto. Para ello debemos ser directos, queremos que esa persona cambie su vida, se sienta más feliz y facilitarle algún sector de su estilo de vida. Por ello vamos a preparar su presupuesto para que pueda permitirse el producto.

He aquí el guion que te ayudará a guiar al prospecto. Para empezar, ten lista una hoja para escribir sus números.

1. Todos tenemos gastos innecesarios, que nos limitan a tener la vida que queremos. Dime, ¿tienes contratado algún servicio online como Amazon, Netflix, Spotify…? (Cuando responder añadirlo como Gastos innecesarios.)

2. ¿Cuánto dinero gastan en ropa que sabes que te pondrás solo una vez o nunca? El mes pasado por ejemplo. (Apuntar la cantidad.)

3. ¿Haces regalos a personas que nunca te lo agradecen o de las que nunca recibes nada? (Apuntar la cantidad.)

4. *Si durante un mes pudieras prescindir de salir a comer fuera, al cine o al teatro,*
   ¿cuánto ahorrarías? (Apuntar la cantidad.)

Una vez terminadas las preguntas, suma cuanto se ahorraría. Una persona normal tiene gastos innecesarios y que sumados suponen una cantidad que podrán ahorrarse perfectamente. Al hacer esta encuesta estás mostrando que en realidad si tiene dinero, acabas de descubrir donde gasta su dinero, por lo que ya no tiene excusa para comprar tu producto.

Cuestionario: Siempre hay dinero

Prepárate para tu siguiente cita para que así puedas pasar la barrera del "no tengo dinero".

1.	¿Qué 4 empresas son competencia de tu producto y no otorga los mismos beneficios?:

____

____

2.	¿Qué 4 empresas son competencia de tu producto en el precio, pero no ofrece seguimiento?:

____

____

3.	¿Qué 4 empresas son competencia de tu producto, pero no son exclusivos sus productos?

____

____

4.	¿Qué 4 empresas son competencia de tu producto, pero no ofrecen garantía?:

____

____

Utiliza las empresas que se repiten y añádelas a tu tabla de competencias.

5.	Apunta que gastos suelen tener tus clientes y que sabes que pueden suprimir mensualmente:

Este punto de venta se resume con las siguientes frases:

"Siempre hay dinero."

"Cuando el cliente te dice que no tiene dinero, te está mintiendo a ti y a sí mismo."

"Todo el mundo tiene dinero."

"Una persona que te dice "no tengo dinero" en realidad te está diciendo "no quiero gastar mi dinero en tu producto."

"Preparado para esta clase de respuesta con una tabla de comparaciones."

"Se trata de una tabla donde se compara a la competencia con el producto de la compañía."

"El cliente sabrá que está realizando una compra inteligente."
"Hacer un Presupuesto."

"Eso es justo lo que los vendedores debemos hacer, ajustar junto al cliente su presupuesto."

"Acabas de descubrir donde gasta su dinero, por lo que ya no tiene excusa para comprar tu producto."

30
Sé un "Vendedor de Arte"

¡Igual de astuto y apasionado!

El arte es uno de los sectores cuyos vendedores deben ser expertos en la materia que venden, pero lo que es más importante, **tienen que poseer la capacidad de convertir un producto corriente en un objetivo VIP.** Es decir que todo el mundo quiera. Hoy en día el mundo está lleno de productos así, ediciones limitadas, firmados por famosos, inspirados en un viaje, canciones que solo puedes escuchar si compras una bebida, cuadros que solo un número limitado de personas tiene permitida su visualización…Estos productos tienen dos cosas en común: Una de ellas es el precio, no es para todo el mundo, solo para un número de personas con cierto nivel de vida. Y lo segundo es que tienen un vendedor con una habilidad impecable, que sabe cómo ser clásico y conseguir que el cliente necesite el producto utilizando la herramienta VIP, siendo así el *Vendedor de Arte".*

¿Todo el mundo puede ser un *"Vendedor de Arte"?* Cuando me refiero a "Vendedor de Arte" no me concentro en lo que la persona vende, sino a como lo vende.

Un *"Vendedor de Arte"* **tiene la capacidad de que todo producto que cae en sus manos sabe venderlo como si fuera algo exclusivo.** Conoce el vocabulario, la forma de presentar el producto y sabe a qué publico vendérselo.

Para que lo comprendas mejor, digamos que tu producto es del sector de joyería y quieres vender el producto con elegancia y a personas de gran nivel. Si quieres hacerlo como un "Vendedor de Arte" no irás con las joyas en una caja barata o presentarás los modelos más económicos. Sino que invertirías en unas cajas con la marca de la compañía impresa, en caso de que no tengan una mejor, y pondrías tal vez papel plateado dentro junto a la joya. También presentarías las más caras, así el cliente vería lo mejor que puedes ofrecerle. ¿Ves cómo puedes hacer que tu producto sea "arte"?

Ahora bien, eso no significa que envolver cualquier cosa en un papel bonito o presentarlo en una caja, haga que nuestro producto sea VIP. Hacen falta otra clase de elementos para que te conviertas en un *"Vendedor de Arte"*.

Elementos de los Productos de Lujo

Los productos de lujo son deseados por muchos, pero permitidos por pocos, tanto a la hora de comprarlos como a la hora de venderlos. Así que lo primero que debes descubrir es si tú y tu producto estáis listos para ser la versión "Luxury". Para ello deberás examinar si los siguientes puntos concuerdan con tu forma de vender y lo que vendes. Marca con una x las casillas en el "sí" si es posible realizar tales acciones o si ya las cumples.

Como Vendedor de Lujo…	Sí	Como Producto de Lujo…	Sí
Hago el cierre en lugares lujosos		La forma de empaquetado es lujosa	
Llego a los sitios en un coche de alta gama		Es un producto único o innovador	
Visto marcas de lujo		Ingredientes o materiales de calidad superior	
Transparencia en la venta		Garantía a largo plazo	
Hábil en crear deseo al comprador/a		Número limitado de producto u edición exclusiva	
Siempre dispuesto a atender al cliente		Larga durabilidad	
Lenguaje inteligente		En continuo desarrollo, siempre innovando	
Nivel de educación alto		Posibilidad de Financiación	
Soy Dinámico y sociable		Que cree más deseo que necesidad	

Si has marcado más de 10 *"Sí"* tú y tu producto estáis cualificados para ser vendidos como ediciones de lujo. Ahora bien, ¿qué ocurre si deseas ser un *"Vendedor de Arte"* aunque tu producto o tú no estéis actualmente preparados? ¿Es posible? ¿Se puede crear un gran deseo en los clientes normales como en los de lujo? La respuesta es sí.

196

¿Cómo ser un "Vendedor de Arte"?

Primero **debes entender la frase que dijo la famosa diseñadora de lujo Coco Channel** *y es que "El lujo es una necesidad que nace donde la necesidad acaba"*. Es decir, **como vendedor debes comprender que, a la hora de vender, debes recalcar más el deseo de tener tu producto que la necesidad que satisface**. Es decir, las personas ricas no compran productos para ahorrar, ni para sentirse más seguras. **Compran porque les gusta lo que les venden y lo quieren. Desean seguir llenando sus vidas de cosas hermosas y con gran valor.**

Piensa en todos esos famosos del cine o grandes inversionistas, ¿por qué crees que tienen más de una casa o un Ferrari de cada edición en el garaje? Por qué un buen vendedor le supo vender la historia de aquel producto, el amor que sentía por él y lo hermoso que es tenerlo en sus manos.

Para ello deberás aprender una serie de conceptos para ser un vendedor de lujo.

- **Habla como un/a poeta:** Como vendedor normal debes tener un vocabulario extenso, pero **como un** *"Vendedor de Arte"* **tu vocabulario debe ser el de un aristócrata. Usar palabras descriptivas que queden grabadas en la mente del cliente**. Que oiga como halagas al producto, como visualizas la manera en que quedaría en la casa del cliente, en el ordenador, en su muñeca, en su cuello… aprende a crear imágenes con las palabras.

  Para ello te recomiendo leer algunas novelas donde se encuentra un vocabulario más poético y no tan técnico. También lee algo de poesía, así comprenderías como los mejores vendedores de arte describían de la manera más romántica.

- **Experiencias durante el cierre:** Como "Vendedor de Arte" no puedes simplemente llevar a una cafetería a un cliente. **Debes ofrecer toda una experiencia el día que hagas el cierre y cada vez que le visites.** Esto te llevará más tiempo, pero recuerda que el beneficio es mayor.

  Por lo tanto, lleva al cliente a baños turcos, a un fin de semana en un hotel de lujo, haz un cierre en una limusina…piensa en grande y obtendrás acuerdos grandes.

- **Sé social y conocido/a: Es importante que te muevas en los círculos de tus clientes, todos deben saber que eres el "Vendedor de Arte" del vecindario**, que recomiendas lo mejor a tus clientes más fieles antes de que nadie más lo tenga. Acude a las cenas donde te inviten tus clientes, ve a las fiestas de cumpleaños, a las bodas, aniversarios, ofrece siempre el mejor regalo, da los mejores cumplidos. Sé alguien que todo el mundo desea cerca.

  Así que te recomiendo que cambies de lugar de residencia si no estás rodeado de personas con ingresos altos y comiences a moverte en sus círculos.

- **Expertos en comparaciones: Las comparaciones son perfectas a la hora de vender productos de lujo, ya que las personas suelen comprarse con lo que tienen los demás.** Un mejor coche o un reloj más brillante les posesionará por encima de la competencia personal de tus clientes. Así que observa que poseen sus vecinos o sus jefes, así te asegurarás de dar en el clavo cuando menciones que has visto lo que posee su competencia.

  Lo mejor para obtener esta clase de información son las redes sociales, mira quienes son sus amigos y que clase de fotos suben, examina lo que poseen.

- **Incluir un producto extra:** Una gran manera de conseguir que tu producto aumente de valor y se considere de lujo, es **incluir otro producto que haga que el valor aumente**. Por ejemplo, si vendes vinos de edición limitada, incluye en tu venta un queso de lujo y así podrás aumentar el valor y el precio.

Escoge productos que se combinen, que sean hechos el uno para el otro.

• **Muestra a famosos: Si tu producto es consumido por personas famosas o Influencer, lograrás un mayor deseo.** Todo el mundo quiere probar o tener una pizca de lo que sus Ídolos disfrutan.

Puedes mostrar los perfiles sociales donde las personas con influencia utilizan tu producto y lo vean ellos mismos.

Con estos seis puntos podrás vender tus productos de forma lujosa y a un precio que te hará trabajar menos, pero con mayor calidad y beneficios. **Aprende de los mejores vendedores, de las marcas lujosas que existen y observa de qué manera presentan sus productos.** Así te asegurarás que estás yendo directamente a conseguir una vida mágica.

Cuestionario: Sé un "Vendedor de Arte"

(Ver respuestas correctas al final del Libro tras terminar)

1. ¿Qué significa ser un "Vendedor de Arte"?:

    a.   Que no acepta todo tipo de clientes
    b.   Que tiene conocimiento sobre productos de arte
    c.   Que convierte un producto en algo VIP

2. ¿Cuál de las siguientes características convierte a un producto en lujo?:

    a.   Es caro
    b.   Es limitado
    c.   Es bonito

3. ¿Cuál de las siguientes cualidades posee un "Vendedor de Arte" ?:

    a.   Adinerado
    b.   Transparente
    c.   Guapo

4. ¿Qué se debe resaltar a la hora de vender un producto de lujo?

    a.   Sus beneficios inigualables
    b.   La facilidad de su uso
    c.   El deseo de tenerlo

5. ¿Cuál de las siguientes definiciones es para ti perfecta para un producto de lujo?:

    a.   Se trata de un producto realmente útil y magnifico
    b.   Es un producto fácil de usar y único
    c.   Lo que está viendo es la facilidad personificada unido a la perfección absoluta

6. ¿Cuál de los siguientes lugares es perfecto para un cierre con un cliente de lujo?:

   a. Una cafetería
   b. Un yate
   c. Un restaurante

7. ¿Cuál de los siguientes acontecimientos sociales es perfecto para hacer contactos de lujo?:

   a. La Misa
   b. Un cumpleaños
   c. Reunión del colegio

8. ¿Cómo puedes conseguir personas con las que tu cliente se pueda comparar?:

   a. Preguntándole directamente
   b. Examinando sus redes sociales
   c. No es posible, no conozco a sus amigos

9. ¿Qué debe tener el producto extra para combinarlo con el producto que deseas vender?:

   a. Que sea más barato
   b. Que no se venda
   c. Que se combine

10. Haz una lista de famosos que utilizan tu producto para poder enseñarlos a tu cliente:

____

____

____

____

____

11.	Escribe el nombre de tus primeros 5 clientes de lujo tras usar este método del "Vendedor de Arte":

Este punto de venta se resume con las siguientes frases:

"Tienen que poseer la capacidad de convertir un producto corriente en un objetivo VIP."

"Un "Vendedor de Arte" tiene la capacidad de que todo producto que cae en sus manos sabe venderlo como si fuera algo exclusivo."

"Los productos de lujo son deseados por muchos, pero permitidos por pocos, tanto a la hora de comprarlos como a la hora de venderlos."

"Debes entender la frase que dijo la famosa diseñadora de lujo Coco Channel y es que "El lujo es una necesidad que nace donde la necesidad acaba."

"Como vendedor debes comprender que, a la hora de vender, debes recalcar más el deseo de tener tu producto que la necesidad que satisface."

"Compran porque les gusta lo que les venden y lo quieren. Desean seguir llenando sus vidas de cosas hermosas y con gran valor."

"Como un "Vendedor de Arte" tu vocabulario debe ser el de un aristócrata. Usar palabras descriptivas que queden grabadas en la mente del cliente."

"Debes ofrecer toda una experiencia el día que hagas el cierre y cada vez que le visites."

"Es importante que te muevas en los círculos de tus clientes, todos deben saber que eres el "Vendedor de Arte" del vecindario."

"Las comparaciones son perfectas a la hora de vender productos de lujo, ya que las personas suelen comprarse con lo que tienen los demás."

"Incluir otro producto que haga que el valor aumente."

"Si tu producto es consumido por personas famosas o Influencer, lograrás un mayor deseo."

"Aprende de los mejores vendedores, de las marcas lujosas que existen y observa de qué manera presentan sus productos."

31
Como hace un vendedor que su producto sea famoso

¡Y todo el mundo lo desee!

¿Qué hace que una caja azul celeste con un lazo blanco sea reconocida al momento como Tiffany's? ¿O que una simple L y V sea símbolo de Louis Vuitton? ¿O una manzana mordida se distinga entre los demás? ¿Qué puede hacer el vendedor para que una persona vea su producto y consiga el mismo resultado? Cómo hacer un producto famoso es la gran inquietud de las empresas y si consigues lograrlo con tu producto, serás el vendedor más querido de tu compañía.

La mayoría de las personas suelen creer que para que un producto se haga famoso es necesaria una fama previa, dinero para hacer grandes campañas de publicidad y años de confianza en el mercado. Pero si lo pensamos bien, ninguno de los productos mencionados arriba tenía nada de esto cuando empezaron. Siempre existe un momento en que una marca tiene sus inicios. Por ello antes de comenzar tu lección para convertirte en un vendedor perfecto, se consiente como los vendedores de las mejores marcas del mundo también han pasado por este paso, el de preguntarse cómo hacer famoso el producto que representan. Y eso es lo que vas a descubrir a continuación.

Que tenga aspecto de "famoso"

Gracias a las herramientas sociales del Siglo XXI esta tarea es realmente fácil. **Una buena cámara, un escenario espectacular con tu producto y podrás crear la sensación de que ya es famoso.**

Para que estas fotos resulten, lo mejor es que crees un catálogo online donde solo unos pocos tendrán acceso, así crearas sensación de exclusividad y que si no han oído hablar del producto es porque no todo el mundo tiene disponibilidad a este. En redes sociales puedes compartir imágenes muy concretas donde invites a los prospectos a solicitarte el catalogo y así podrás reunir una base de contactos a los que enviarles más productos.

Por lo tanto, crea ese aspecto de famoso a tu producto. Haz imágenes, videos de cómo se usa que serían perfectos para la televisión. Incluso consigue testimonios de clientes de forma profesional para que otros clientes vean que ya hay personas hablando del producto.

Haz que otros hablen

Los medios son perfectos para crear una burbuja de fama. La importancia de que un producto sea mencionado en un blog, en un periódico, en la tv o en la radio es increíblemente poderosa. Si un cliente ve que el producto que consume está en un medio de comunicación, se sentirá más seguro, si un prospecto lo ve, estará deseando comprarlo para así poder decir que adquirió un nuevo producto mencionado en tal sitio.

Así es el ser humano, le gusta tener aquello de lo que todos hablan. Así que **consigue que blogs enfocados a hablar de productos, como el tuyo, creen artículos, contacta con periódicos y proponles un artículo contando tu historia con el producto**. Ve a entrevistas de TV. Lo importante es que el mundo hable de ti y de tu producto.

Internacional

Algunos productos llegan a nuestro país después de haber sido comprobados en otros lugares. Muchos vendedores utilizan esta información para dar confianza al prospecto y además demostrar la fama del producto.

Una de las estrategias más efectivas es mostrar testimonios en otro idioma y subtitulados. Enseñar ejemplos de personas que llevan más tiempo utilizando el producto. De esta manera **la persona** comprenderá que no conocía el producto por que acaba de entrar en el mercado de su país, pero ya es famoso en el de origen.

Pre-Lanzamiento

La industria cinematográfica usa esta estrategia para hacer famosa a una película antes si quiera del estreno oficial. Invita a celebridades, periodistas, famosos del momento y todo aquel que pueda dar un impulso a la película.

Del mismo modo puedes lanzar tu producto con una fiesta donde invites a personas estratégicas para dar promoción a tu producto y así todos estén a la espera del momento en que puedan adquirir el suyo propio. Crearás además una sensación de glamour e importancia como vendedor, ya que no todo el mundo hace pre-lanzamiento, solo los vendedores confiados y perfectos.

En Directo

Utiliza las redes sociales como si fuera una cadena televisiva. **Haz videos para contar a un público objetivo que pronto anunciarás el lanzamiento de un gran producto, crea una cuenta atrás hasta el día que mostrarás el producto.** Cuando llegue ese gran día tu público estará ansioso por poder comprarlo gracias al trabajo que hiciste de crear curiosidad.

También puedes invitar a que el público haga preguntas en directo sobre el producto, así resolverás todas las dudas antes incluso de que compren el producto y el video podrá servirte para futuros compradores.

Una vez esté online, cualquiera podrá ver cómo comenzó el producto a hacerse famoso.

Organiza Concursos

Todo el mundo desea productos gratis por ello los concursos son una técnica tan maravillosa. **Si quieres que la gente hable de tu producto, haz que les pueda salir gratis**. Así no solo ganarás su simpatía sino también la de sus amigos ya que compartirán la posibilidad de ganar un producto.

Solo tendrás que sacrificar un producto y además aquellos que pierdan habrán deseado tanto tenerlo en sus manos que es probable que lo compren.

Lo más recomendable para un concurso es que se haga por medio de redes sociales, donde impongas unas condiciones específicas para participar como: Dar Like a la página del producto, compartir, comentar o etiquetar a un amigo. Debes pensar de qué manera llegar a más personas a través de solo una.

Muestras de Productos

La industria del perfume es quien más utiliza la técnica de muestras de producto. Si una persona no está segura de una nueva fragancia o de como combinará con su propio aroma en la piel, no tiene más que ir a una perfumería y utilizar una muestra. Así sabrá que no se equivoca ni se arrepentirá de la compra.

Para llevar a cabo esta técnica **lo mejor es que tengas siempre un producto de muestra contigo si es físico o una cuenta Beta si es online.** Debes dejar que el cliente pruebe, curioseé y acabe decidiendo que el producto es definitivamente para él. También puedes enviar a Influencer muestras de tu producto para que prueben su calidad y hagan una promoción a cambio.

Momentum

Para que un producto se haga famoso también puedes utilizar el famoso Momentum, es decir; **saber cuándo es el momento perfecto para vender tu producto**. Por ejemplo, si vendes botas de piel, evidentemente tendrás mejores resultados en las estaciones frías.

Muchas empresas, por ejemplo, centran todas sus ventas en fiestas o en los meses de verano, **creando así la posibilidad de que solo tengas que hacer ventas unos tres meses al año y disfrutar de los demás meses haciendo contactos y disfrutando de tu vida mágica.**

Cuestionario: Cómo hace un vendedor que su producto sea famoso

1. ¿Qué necesitas para que tu producto se vea famoso?:

   ____

   ____

2. ¿A qué medios (¿blogs, radio, periódico, tv… vas a contactarles para que hablen de tu producto?:

   ____

   ____

3. Si tu producto se hizo famoso en otro país, escribe en cuales y cuantos clientes satisfechos tiene actualmente:

   ____

   ____

4. ¿Qué clase de pre-lanzamiento organizarías para tu producto?:

   ____

   ____

5. ¿Cuándo harás un video en directo y que explicarás sobre el producto?:

6. Si creas un concurso, ¿Qué tendrían que hacer los usuarios para ganar un producto gratis?:

____

____

7. ¿Qué clase de muestra puedes ofrecer?:

____

____

8. ¿Cuál es el Momentum perfecto para vender tu producto?:

____

____

Este punto de venta se resume con las siguientes frases:

"Si consigues lograrlo con tu producto, serás el vendedor más querido de tu compañía."

"Una buena cámara, un escenario espectacular con tu producto y podrás crear la sensación de que ya es famoso."

"Consigue que blogs enfocados a hablar de productos, como el tuyo, creen artículos, contacta con periódicos y proponles un artículo contando tu historia con el producto."

"La persona comprenderá que no conocía el producto por que acaba de entrar en el mercado de su país, pero ya es famoso en el de origen."

"Puedes lanzar tu producto con una fiesta donde invites a personas estratégicas para dar promoción a tu producto y así todos estén a la espera del momento en que puedan adquirir el suyo propio."

"Haz videos para contar a un público objetivo que pronto anunciarás el lanzamiento de un gran producto, crea una cuenta atrás hasta el día que mostrarás el producto."

"Si quieres que la gente hable de tu producto, haz que les pueda salir gratis."

"Lo mejor es que tengas siempre un producto de muestra contigo si es físico o una cuenta Beta si es online."

"Saber cuándo es el momento perfecto para vender tu producto."

"Creando así la posibilidad de que solo tengas que hacer ventas unos tres meses al año y disfrutar de los demás meses haciendo contactos y disfrutando de tu vida mágica."

32
Tú eres el que vende

¡Toma el control!

Soy un amante del control. Me gusta saber desde el inicio de un cierre hasta el final, que soy yo quien tiene la voz cantante, es decir, quien decide al final si el cliente va a compra o no, quien será un cliente fiel y como podré llegar hasta sus conocidos. Y cuando suelo compartir con mis alumnos esta pasión mía, suelen sumergirse en sus sillas dándome a entender que ellos nunca tienen el control en sus ventas. Y esa es justamente una de las razones por las que muchos vendedores no disfrutan aun de una vida mágica, ya que, si no tienen control de sus ventas, ¿cómo van a tener el control necesario para dejar atrás sus vidas trágicas? Por eso este capítulo es tan importante.

Si aplicas lo que estoy a punto de enseñarte a tus ventas, conseguirás cierres en casi todas tus citas. **Por qué a todo el mundo le gustan las personas que tienen todo bajo control**. Desde que somos niños necesitamos a nuestros padres que nos digan que todo está bien y que la herida de la rodilla va a curarse, cuando somos adultos queremos tener a nuestro lado a una pareja que nos diga "todo estará bien" y a la edad avanzada necesitamos una seguridad financiera que nos aseguré que todo salió bien y que tuve una vida completa. Así somos, **queremos seguridad y control en nuestras vidas.**

Y un vendedor es justamente eso, el pilar seguro del cliente. Debes convertirte en la persona que responda a sus dudas y visiones su futuro. Pero para ello es necesaria una aptitud, una manera de pensar totalmente diferente a la de un vendedor corriente. Necesitas ser alguien que con un par de palabras sea capaz de disolver cualquier duda.

Todo se resume en dos cosas, en **como proteges tus productos y como tratas al cliente.**

Protege tu visión

Primero **debes convencerte al 100% de que aquello en lo que crees y visiones es totalmente fiable**. Es decir, si crees que tu producto es bueno para una persona con diabetes, no puedes dudar de ello ni pedir al cliente que pregunte a su médico. Debes estar preparado para las cuestiones que surjan sobre tu visión, que en este caso sería informarte tu primero de otros clientes con la misma duda y que toman el producto e incluso hablar con un médico y pedirle que haga un video para tus futuros clientes con diabetes.

Al proteger tu visión, estás mostrando al cliente que comprendes de lo que hablas, por ello intenta utilizar números en tus presentaciones, estadísticas, ejemplos…todo lo necesario para que tu visión esté bien respaldada.

Respalda a tus clientes

Me gusta vernos a los vendedores como directores de cine ya que es el que hace que la película sea vendible. El director toma la idea del guionista y del productor para convertirla en una pieza deseable por millones de personas. Es el director quien sabe que escenas deben suprimirse o mejorarse para que la historia reciba su aclamada ovación. Pero lo que es más importante, el director sabe que actores tienen madera de éxito.

En el caso del vendedor, este debe saber que clientes son una gran fuente de beneficios y recomendaciones. **Un vendedor perfecto tiene el poder de identificar a los clientes que le traerán referidos, más ingresos y menos quebrantadores de cabeza** por lo que sabrá a quien ofrecerle más dedicación y a la vez ahorrar tiempo.

¿Cómo identificar a esa clase de clientes? Con las siguientes facetas, si tu cliente las cumple, significa que es un cliente destinado a referirte a su círculo.

- **Tras preguntar compra:** Sucede muchas veces que algunos clientes siguen preguntando por otros productos o por el mismo tras haberlo comprado. **Si después de preguntarte el**

cliente sigue comprando, es un cliente potencial, solo necesita más información extra que los demás.

Ahorra tiempo: Para este tipo de clientes lo mejor es que tengas siempre información extra, así satisfarás sus dudas en seguida y no perderás tiempo buscando ni respondiendo a mil preguntas.

• **Te envía sus contactos: Si el cliente nada más comprar o tras unos días te envía algún que otro contacto para que le hables del producto, ten por seguro que es un cliente con potencial** ya que confía en lo que le explicaste sobre cómo mejorar su vida gracias a tu producto.

Ahorra tiempo: Prepara con tu equipo de marketing una página en tu web para que las personas puedan recomendarte a sus contactos, así comenzarás a crear una base de referidos. Contáctalos en la misma semana en que los recibes.

• Te envía su testimonio: Cuando un cliente te envía su testimonio en cuanto tiene grandes resultados con tus productos, ese es un cliente al que cuidar ya que habla con gran pasión del producto y es perfecto para usar en tus presentaciones.

Ahorra tiempo: Haz que te grabe en audio o en video lo muchos que le gusta el producto y sus resultados, así podrás usarlo cuando estés en un cierre y llegue el momento de hablas de los beneficios.

• **El compromiso del cliente**: En los negocios online es donde más se ve este tipo de cliente, es aquel que al ver varios planes de pago **escoge el que signifique más tiempo utilizando el producto**. Por ejemplo: Digamos que tu empresa tiene dos planes, el primero es el básico que dura 3 meses y cuesta 27$. El Segundo es el plan Full y es para utilizar el programa 12 meses por un valor de 98$. Evidentemente, los clientes que escogen el segundo, se sentirán más comprometidos con tu producto, pues confían lo suficiente como para adquirirlo por un año de sus vidas. A esas personas es a las que tienes que ofrecerle un soporte full.

Ahorra tiempo: Crea un soporte online para que tus clientes siempre estén atendidos e incluso puedes adjudicar a un agente de soporte personal a tus clientes más fieles para que así se sientan siempre respaldados.

- **Invitaciones a su mundo social: Un cliente que desea que participes en su vida significa que has creado un trabajo impecable en tu cierre ya que esa persona desea que sus conocidos también te conozcan a ti y a tu producto**. Por lo que acepta las invitaciones, acude con tu mejor vestimenta y siempre con el producto contigo si es de uso cotidiano, en caso contrario lleva un par de muestras en el coche por si alguien pregunta.

  Ahorra tiempo: En cuanto un nuevo cliente se une a ti, solicitase amistad por medio de las redes sociales, así podrás ser visible para los demás antes de que te conozcan personalmente.

- Sabiendo y utilizando estas dos claves podrás ser un vendedor con total control sobre tus ventas. Ya que nunca más tendrás miedo de que surjan cuestiones sobre tu producto y podrás dedicar el tiempo necesario a cada cliente. **Tomar el control te hará aún más perfecto como vendedor**.

Cuestionario: Tú eres el que vende

1. ¿Qué acciones llevas a cabo en tu vida actual que te hacen tener el control?:

____

____

2. ¿Qué personas conoces que lo tienen todo bajo control y te ofrecen seguridad?:

____

____

3. ¿Hay algo que hace que no estés al 100% seguro con tu producto? Si es así defínelo:

____

____

4. ¿Qué acciones llevas a cabo en tu vida actual que te hacen tener el control?:

____

____

5. Encontremos tus clientes con potencial:

Clientes que compran tras preguntar:

____

____

Clientes que te envían referidos:

____

____

Clientes que comparten su testimonio:

____

____

Clientes que adquieren un plan full:

____

____

Clientes que te invitan a sus fiestas:

____

____

Este punto de venta se resume con las siguientes frases:

"Por qué a todo el mundo le gustan las personas que tienen todo bajo control."

"Queremos seguridad y control en nuestras vidas."

"Un vendedor es justamente eso, el pilar seguro del cliente. Debes convertirte en la persona que responda a sus dudas y visiones su futuro."

"Necesitas ser alguien que con un par de palabras sea capaz de disolver cualquier duda."

"Como proteges tus productos y como tratas al cliente."

"Debes convencerte al 100% de que aquello en lo que crees y visiones es totalmente fiable."

"Al proteger tu visión, estás mostrando al cliente que comprendes de lo que hablas."

"Un vendedor perfecto tiene el poder de identificar a los clientes que le traerán referidos, más ingresos y menos quebrantadores de cabeza."

"Si después de preguntarte el cliente sigue comprando, es un cliente potencial."

"Si el cliente nada más comprar o tras unos días te envía algún que otro contacto para que le hables del producto, ten por seguro que es un cliente con potencial."

"Cuando un cliente te envía su testimonio en cuanto tiene grandes resultados con tus productos, ese es un cliente al que cuidar."

"Escoge el que signifique más tiempo utilizando el producto."

"Un cliente que desea que participes en su vida significa que has creado un trabajo impecable en tu cierre ya que esa persona desea que sus conocidos también te conozcan a ti y a tu producto."

219

33

TIPS para fidelizar al cliente

¡De por vida!

Todo vendedor es consciente de la importancia de fidelizar al cliente, de conseguir que siga todo el tiempo posible con nosotros. Pero son muy pocos los que realmente saben cómo se consigue. Todo suele resumirse en post de estrategias que no superan al número diez o en un montón de frases sueltas que supuestamente consiguen que el cliente firme un gran contrato. Pero esto solo daña la imagen del vendedor a nivel global, pues lo que hacen mal unos pocos, nos afecta al resto.

Para mí, fidelizar al cliente es todo un arte. Lo comparo con la capacidad de conservar a los amigos de la infancia. Si los llamas o les enviar un mensaje tan solo el día de año nuevo sentirán que no son parte de tu vida y cada vez serán menos las respuestas hasta que un día dejarán de reconocer que existes. Y de la misma manera actúa un cliente. Si solo le contactas para las novedades o cuando andabas por el barrio, sentirá que ya no es tan importante para ti que le vaya bien con tu producto. Y perderás parte del trabajo que hiciste, por que hacer una primera venta es fácil, pero una segunda es la que de verdad merece el mérito.

Por ello he creado los siguientes TIPS que te dan ideas de como fidelizar a tu cliente:

- Diseña un plan de beneficio para que el cliente vea los resultados si continúa contigo a largo plazo.

- Ofrece descuentos por fidelidad, pero en ocasiones muy concretas.

- Mantén informado al cliente de las novedades futuras para que continúe contigo por lo que le ofreces y le puedes ofrecer.

- Haz un plan de seguimiento, llámale o escríbele cada mes para saber qué tal le va con tu producto.

- Guarda su cumpleaños y felicítale cada año sea, incluso envíale algún detalle relacionado con tu producto, puede ser una muestra de un nuevo producto.

- Invítale a una cena o almuerzo junto a su familia para así crear lazos humanos.

- Si sucede algo grave o maravilloso en su vida, ofrece tus condolencias o alegría.

- Envía información acerca de eventos relacionados con el ocio de tu cliente.

- Por cada renovación premia al cliente con un nuevo producto o un mes gratuito.

- Incluye otro producto inferior si adquiere el producto más caro.

- Crea puntos para que tus clientes sigan fieles y consigan premios al acumular compras.

- Ofrece la posibilidad de renovar sus viejos productos por el nuevo al entregar el viejo y pagando la diferencia.

- Enamora al cliente de la marca, sigue mostrándole que tiene el mejor producto en sus manos.

- Dale a tus clientes la posibilidad de recomendar siempre, que sientan que tienen un compromiso con los amigos a los que les recomienda.

- Crea una App con tu equipo de Marketing para que tengan en sus dispositivos un recordatorio de que son clientes de un producto actual.

- Haz reuniones físicas u online para mostrar a tus clientes más fieles los productos que están por salir y que aun nadie ha visto.

- Crea un día al año en que todos tus clientes se reúnan en un fin de semana de lujo y puedan disfrutar de la compañía de otras personas que también consumen sus productos.

- Descuentos a solo un tipo de clientes como familias numerosos, jubilados, recién casados...depende de tu tipo de clientes.

- Ofrece información extra siempre, sigue manteniendo al cliente actualizado sobre los beneficios del producto y de todo nuevo artículo que surja relacionado con ello.

- Incorpora nuevos productos que pueden ayudar a los resultados de tus clientes.

- Atiende a tus clientes siempre de manera amable, resuelve sus dudas así no buscarán vendedores más amables, se sentirán complacidos contigo.

— CUARTA PARTE —

El Vendedor más positivo del planeta

Mantenerse positivo no significa llenarse la casa de frases de motivación, escuchar una lista con canciones llenas de ritmo o sonreír cuando el cliente intenta decirte que no le gusta el producto que le recomendaste. Ser y estar positivo significa realizar el trabajo de vendedor con gran precisión, que cada cosa tenga el resultado correcto.

Primero comienza con una mente que piensa que todo va a salir tal y como teníamos planeado y luego llevar a cabo las acciones que hacen que eso sea posible.

En esta cuarta parte vas a aprender a cómo mantener positivo, como cerrar tratos con tus clientes que te dibujarán una gran sonrisa en los labios y sobre todo técnicas para alejar a los negativos de tu vida o como hacerte inmunes a aquellos que están obligatoriamente en tu vida.

Así que sonríe y continúa caminando hacia tu vida mágica.

34
La Confianza del Vendedor

¡Confía en ti y en lo que vendes!

Está demostrado que toda persona que tiene éxito en la vida confiaba en sí mismo. *Freddy Mercury* es uno de los ejemplos que más me gustan, su actitud hacia que aquellos que debían invertir en su música quedaran fascinados de su confianza. Esa manera de ser el rey del lugar, de hablar con seguridad y saber vender un disco que aun ni siquiera estaba empezado, era sublime. Una actitud que todo vendedor debe adquirir.

Ya hablamos en el capítulo 2 sobre la importancia de las afirmaciones, elemental para la base de todo vendedor. Pero **la confianza necesita que la construyas, que crees pilares firmes y que nada la destruya.** Si tienes suficiente confianza en ti, los "no" serán menores ya que los aceptaras y podrás convertirlos en el "no quiero gastar mi dinero en tu producto" del capítulo 26. También te será fácil detectar los tipos de clientes mencionados en el capítulo 11 por que no tendrás miedo a equivocarte. Y a crear contenido social donde te veas espléndido como expliqué en el capítulo 13. Pero para de esto sucederá si te falta confianza en ti mismo. Si no consigues sonar convincente y con cierto aire superior, todo lo que hagas tendrá el mismo efecto que un globo desinflado, sabes que puede causar diversión, pero causa tristeza al no conseguir su objetivo.

Así que la gran pregunta es **¿Cómo consigue uno tener tanta confianza?**

Perdiendo atributos. Sí, has leído bien, **para ganar confianza debes perder primero ciertas cosas que giran en torno a la mayoría de los vendedores cuando comienzan su carrera hacía la vida mágica.** Y son las siguientes:

- Miedo al Fracaso.

- Gastar tu energía.

- A la Amabilidad.

- Ser Ridículo.

Comencemos con el primer atributo que debes perder: Miedo al Fracaso.

Miedo al Fracaso

Es una de las razones por las que la mayoría de los vendedores fracasan, no avanzan hacía la vida que desean porque prefieren no fracasar en el intento. Pero tal y como dijo el mejor vendedor del mundo cinematográfico, Woody Allen: "Si no estás fallando de vez en vez, es una señal de que no estás haciendo algo verdaderamente innovador".

Pero, ¿cómo se deshace verdaderamente una persona del miedo al fracaso? **Concienciándose de que puede pasar si nos dicen "no".** Lo que suele dar mayor temor a un vendedor es pensar que después de un gran trabajo en una cita y de hacer un maravilloso cierre, la respuesta sea negativa. La incógnita y la posibilidad de que el prospecto nos rechace crea una sensación que a nadie le gusta, ni siquiera a mí ni al vendedor más rico del planeta, te lo aseguro.

Pero ¿y si pudiéramos tener todas las posibilidades en nuestras manos? ¿Un mapa mental que nos diga que puede o no pasar? Déjame ponerte el siguiente ejemplo: *Una chica quiere pedirle a un chico una cita, pero teme que el chico le rechace. Así que su amiga para tranquilizarla y ayudarla le da todas las posibilidades. La primera es que el chico diga que no puede ese fin de semana, lo cual la solución sería aplazar la cita, la segunda opción sería que el chico ya tenga novia, lo cual haría que la chica buscará otro chico y la última podría ser que el chico dijera que sí, lo cual sería la mejor opción. Con estas tres posibilidades la chica iría a preguntarle al chico y recibiría una de las tres respuestas, ella está preparada y sabe cómo responder en cada caso. Deshaciéndose del miedo al fracaso se está adelantando.*

Debemos prepararnos para lo peor, pero esperar lo mejor. Es decir, si vamos a ver un cliente nuevo, tenemos que tener en nuestra mente qué posibilidades hay de que rechace nuestro producto y saber cómo reaccionar ante ellas. Al igual que en el ejemplo de la chica, tú también tienes tres posibilidades de que tu cliente te conteste lo siguiente:

- **Tal vez más adelante lo compre**: Cuando un cliente te responde esto significa que no has creado un deseo ardiente con los beneficios, pero nunca pienses que realmente no puede comprarlo en ese momento, ya que ha aceptado que le presentes el producto, ha escuchado toda la presentación por lo que **debes sonreír e insistir en los beneficios, lo único que ha ocurrido es que el cliente no comprendió que el producto puede mejorar su vida, no es un fracaso, es una oportunidad de aprender a insistir más en los beneficios.**

- **No me interesa:** Una de las herramientas que considero más difíciles es la de repartir volantes en la calle. Me he topado con muchos vendedores que han intentado darme su panfleto en voz baja, casi inaudible y hasta yo mismo les he respondido con un "no me interesa". Esto también sucede en el momento de citar a un cliente o en un mensaje.

  Lo primero que debes saber es que esa persona tiene la frase como comodín a todo el que se le acerque o intente venderle algo, así que lo que debes hacer es **comenzar con una pregunta que se vea forzado/a a pensar y responder, eliminando la primera opción.** Puedes preguntar: ¿Quieres perder peso? ¿Te gustan los productos Bio? ¿Quieres ganar más dinero? ¿Quieres sentirte más seguro? ¿Quieres dejar de fumar? ¿Quieres ahorrar cada mes? …Preguntas así hacen que las personas se detengan a responder, acabas de preguntar sobre si desean cambiar algo en sus vidas. Teniendo en cuenta esto te sentirás más confiado cuando hagas este tipo de venta.

- **Tengo uno parecido**: Esta respuesta es muy fácil de suprimir. De hecho, se puede eliminar antes de cerrar la cita. Si por ejemplo tu producto es nutricional, puedes preguntar a la persona si está actualmente llevando a cabo algún tipo de dieta. Esta te dirá el nombre de la dieta y tú tendrás tiempo para informarte e investigar sobre los beneficios que superan a esta. Así el **día de la cita no existirá el efecto sorpresa, porque atacarás de forma sutil el otro producto**.

Gastar tu energía

Un vendedor positivo nunca debe sudar. Lo que intento decir con esta frase es que debes evitar gastar toda tu energía en cada cierre que hagas. Evita ponerte nervioso, confía en lo que dices y en como hablas, no hables con velocidad, sino con serenidad y seguridad.

En el momento en que más se puede sudar es cuando el cliente comienza a hacernos preguntas cuando nosotros esperábamos que se decidiera a comprar. En un momento así bebe agua, por ello asegúrate de tener siempre un vaso o una botella a tu disposición, y relájate. Entonces responde a la duda, no gastes tu energía ahí tampoco. **Hablar más deprisa o con más emoción no va a conseguir que efectúes más cierres, lo hará la calma y habilidad con la que realices cada cita.**

A la Amabilidad

Cuando hablo de amabilidad me refiero a nosotros mismos. **Un vendedor de éxito no es tolerante con sus propios errores ni se da regalos a sí mismos si no cerró una venta en todo el día.** He visto muchísimos vendedores que son muy exigentes con sus familias, pero nada críticos con sus propios resultados. **Si quieres tener confianza en ti mismo como vendedor, debes exigirte ser confiado. No culpes a nadie de tu fracaso, eres tú quien lleva las riendas de tus resultados.**

Sé amable con los clientes, exigente contigo.

Ser Ridículo

Nunca debes sentirte ridículo. **La ridiculez elimina la confianza del vendedor por completo y sobre todo es la primera excusa que utilizan los vendedores que siguen con sus vidas trágicas.** Ya que, si te sientes ridículo haciendo o llevando algo, debes sustituirlo por otra cosa que te haga sentir más confiado.

Digamos que no te sientes con confianza de llegar a un lugar en un coche conducido por un chofer, busca otra solución. O no quieres llevar traje por tu edad, busca una manera más elegante de vestirte. **Todo, absolutamente todo tiene solución en el mundo de las ventas.**

Par concluir este capítulo, simplemente **recuerda que no existe el fracaso, sino las posibilidades, que la mejor baza para un cierre es la calma y la habilidad. Que solo debes ser exigente contigo y que la ridiculez se elimina buscando una manera de sentirte mejor en tu propia piel.**

Cuestionario: La Confianza del Vendedor

(Ver respuestas correctas al final del Libro tras terminar)

1. ¿Cuál de las siguientes acciones se asocia a tener miedo al fracaso?:

   a) Seguir intentándolo

   b) Esperar una respuesta negativa

   c)   Informarme antes de la cita

2. ¿Por qué un prospecto responde "Tal vez más adelante lo compre"?:

   a) Porque no tiene dinero ahora mismo

   b) Porque no necesita el producto

   c) Porque no comprendió los beneficios

3. ¿Por qué un prospecto responde "No me interesa"?:

   a) Porque realmente no le interesa

   b) Porque no se le hizo la pregunta correcta

   c) Porque no tiene tiempo para escucharme

4. ¿Cómo se puede eliminar la frase "Tengo uno parecido"?:

   a) Preguntándole antes del cierre de la cita

   b) Ignorándola cuando el cliente la diga

   c) No es posible, hay que buscar otro cliente

229

5. ¿Cuál de las siguientes cosas nunca debes hacer para así evitar esforzarte en vano?:

a) Hablar tranquilamente

b) Hablar nervioso y emocionado

c) Hablar sentado

6. ¿Qué debes hacer si no has cumplido tus objetivos?:

a) Volver a intentarlo al día siguiente

b) Felicitarme por los que cumplí

c) Exigirme más

7. ¿Cuál es la solución cuando te da vergüenza llevar cierto tipo de ropa?:

a) Hacer que me guste llevarla

b) Buscar una solución que me haga sentir más cómodo/a

c) No salir hasta que me sienta cómodo/a

Este punto de venta se resume con las siguientes frases:

"La confianza necesita que la construyas, que crees pilares firmes y que nada la destruya."

"Para ganar confianza debes perder primero ciertas cosas que giran en torno a la mayoría de los vendedores cuando comienzan su carrera hacía la vida mágica."

"No avanzan hacía la vida que desean porque prefieren no fracasar en el intento."

"Concienciándose de que puede pasar si nos dicen "no". "Debemos prepararnos para lo peor, pero esperar lo mejor."

"Tenemos que tener en nuestra mente qué posibilidades hay de que rechace nuestro producto y saber cómo reaccionar ante ellas."

"Si responde "Tal vez más adelante lo compre": debes sonreír e insistir en los beneficios, lo único que ha ocurrido es que el cliente no comprendió que el producto puede mejorar su vida, no es un fracaso, es una oportunidad de aprender a insistir más en los beneficios."

"Si responde "No me interesa": comenzar con una pregunta que se vea forzado/a a pensar y responder, eliminando la primera opción."

"Si responde "Tengo uno parecido": el día de la cita no existirá el efecto sorpresa, porque atacarás de forma sutil el otro producto."

"Un vendedor positivo nunca debe sudar."

"Hablar más deprisa o con más emoción no va a conseguir que efectúes más cierres, lo hará la calma y habilidad con la que realices cada cita."

"Un vendedor de éxito no es tolerante con sus propios errores ni se da regalos a sí mismos si no cerró una venta en todo el día."

"Si quieres tener confianza en ti mismo como vendedor, debes exigirte ser confiado. No culpes a nadie de tu fracaso, eres tú quien lleva las riendas de tus resultados."

231

"Sé amable con los clientes, exigente contigo."

"La ridiculez elimina la confianza del vendedor por completo y sobre todo es la primera excusa que utilizan los vendedores que siguen con sus vidas trágicas."

"Todo, absolutamente todo tiene solución en el mundo de las ventas."

"Recuerda que no existe el fracaso, sino las posibilidades, que la mejor baza para un cierre es la calma y la habilidad. Que solo debes ser exigente contigo y que la ridiculez se elimina buscando una manera de sentirte mejor en tu propia piel."

35
Negocia a Largo Plazo

¡Y asegura tu futuro!

Me es realmente impactante los vendedores que no son capaces de exigir aquello que merecen. *De hecho, lo viví hace poco cuando un chico joven, de menos de 30 años, vino a mi seminario, era el vendedor de un Pub de Berlín. Estaba enamorado de su trabajo, podía verse en la manera en que se le iluminaban los ojos cuando hablaba de los dueños y del fantástico lugar que habían montado juntos. Le pedí que me enseñará fotos y me comprometí a visitar el lugar si viajaba hasta la capital de Alemania. El chico quedó satisfecho y entonces quise saber que tal llevaba ser el fundador del negocio y además el vendedor. Entonces el chico se sintió confuso y dijo algo que no me esperaba realmente: "yo solo soy el vendedor". Aquello me dejó confundido ya que tal y como hablaba parecía ser el dueño. El chico siguió contándome de que los dueños querían franquiciar el negocio ya que su trabajo era tan bueno, que no paraban de entrar clientes. Quise saber si había solicitado un porcentaje del negocio o el beneficio de una franquicia. El chico asintió y me contestó lo siguiente: "hablé con ellos y les dije que no me gusta cambiar de empresa por lo que deseaba saber cuál era mi futuro con ellos". En ese momento tuve que contenerme para así poder saber que respondieron los dueños y fue: "si sigues con nosotros de aquí a cinco años no tendrás que preocuparte del dinero". El chico sonrió como si hubiera cerrado el trato de su vida yo solo me quedé paralizado sin saber que decirle, aquel joven había arruinado una gran negociación. Si yo hubiera sido los dueños lo habría echado en el acto, ya que una persona que no es capaz de negociar su propia vida, tampoco será capaz de negociar con los clientes.*

Y de eso vamos a hablar ahora. De cómo negociar a largo plazo te mantendrá positivo. **La negociación a largo plazo debes verla como un plan de pensiones**. Si la mayoría de las personas actuales jubiladas aguantaron durante 50 años un trabajo espantoso y horas fueras de casa, fue porque una promesa de jubilación les mantenía positivo, con una clara imagen de lo que harían con sus años de descanso. Y eso es lo que debes conseguir. **Los tratos a largo plazo te asegurarán que lo que trabajas hoy no solo te cubrirá este mes, sino los años siguientes**. Puede incluso que un par de buenos acuerdo con clientes te respalde de por vida.

Para ello deberás aprender a identificar los negocios a largo plazo de los de corto plazo. Empecemos con el segundo para que así puedas incluir a tus clientes actuales.

A corto plazo

Un cliente a corto plazo es aquel que adquiere tu producto de 3-6 meses. Es perfecto para los vendedores que comienzan ya que **todo vendedor que quiere una vida mágica necesita ingresos para su comienzo**. Esta clase de clientes son "fast cash" y suelen comprar los productos más económicos, te harán dar un par de vueltas en las citas y además siempre esperarán recibir un soporte rápido y efectivo.

Mi consejo es que **cuides a estos clientes durante los meses que está contigo**, algunos pueden convertirse en largo plazo, pero si no es así y se van al segundo trimestre o antes, considéralo una gran lección ya que con ellos son con los que más se aprende.

Con un cliente a corto plazo aprenderás:

- A resolver las dudas con el producto que surgirán a los siguientes clientes.

- A no insistir con las cuotas mensuales.

- A mantener la calma cuando un cliente no está contento con el producto.

- A responder en un horario normal.

- A mantener la relación de vendedor-cliente, aunque asistas a sus eventos sociales.

- A nunca adelantar un producto antes de recibir el pago.

234

- A apuntar cada petición que te haga el cliente.

- Y a ser totalmente transparente desde el primer momento.

Considerando a los clientes de corto plazo tus primeros pasos en el mundo de las ventas podrás estar positivo por la cantidad de lecciones que aprendes a la vez que ganas dinero, preparando así para los siguientes clientes que se van añadiendo a tu cartera.

A largo plazo

Estos clientes son perlas, una vez que encuentres uno debes cuidarlo y prestarle gran atención. Suelen ser clientes que superan el primer año y siguen comprando después de este con regularidad. El sueño de todo gran vendedor.

Un cliente a largo plazo es aquel que te llama y comprendes perfectamente que producto le ayudaría y te es fácil venderle por la confianza que existe. Te pregunta solo cuando realmente tiene una duda, incluso si necesita un producto que no tiene nada que ver con el tuyo, te preguntará a ti debido a que eres su coach de ventas, su mentor en las compras.

Lo que más le preocupa al cliente a largo plazo es tu sinceridad, saber que tiene un vendedor que realmente desea ayudarle, no sacarle el dinero del bolsillo e irse, sino que estás ahí desde que te conoció y le ofreciste tu primer producto.

A veces, incluso puede suceder que los clientes a largo plazo deciden utilizar otro producto y dejarte por un tiempo. Pero tranquilo/a, si hiciste bien tu trabajo, no podrá encontrar un vendedor como tú. Hasta al mejor vendedor le ha pasado, luego vuelven más agradecidos por que exista un vendedor que de verdad le quiere ayudar. Lo importante es que sigas siendo igual de positivo y hagas tu trabajo con la misma intensidad.

Negociar a largo plazo

Ahora que sabes identificar al cliente a largo plazo. Es el momento de que aprendas a como negociar con él, como conseguir tratos que te hagan beneficiarte más tiempo del trabajo que haces una vez.

- Creando planes beneficiosos: Las compañías telefónicas son expertas en esta estrategia, te obligan a estar un año con ellas convirtiéndote en un cliente a largo plazo. Por lo que puedes crear un plan de un año donde el cliente obtenga grandes beneficios y así pueda sentir tu amabilidad durante 12 meses. Tras este tiempo verán que solo tienen que volver a renovar para seguir contigo y la mayoría de las personas suelen hacerlo por comodidad, seguridad y por qué no desean equivocarse.

- Ofrecer un descuento tras el primer año: Esta es una estrategia muy inteligente. A los clientes les encanta haber ganado un descuento para su siguiente compra, por eso los supermercados te dan descuentos tras hacer una compra, no antes. Así que ofrece a tus clientes un año de confianza a cambio de un descuento en el segundo año.

- Da regalos especiales: Obsequiar a los clientes siempre es un plan beneficioso. Si deseas que esté un año contigo ofrécele un producto extra a cambio de un contrato de un año, así se sentirán comprometidos y como ya le estás dando más de lo que pagaron.

- Haz que el cliente ahorre: Muestra al cliente como un contrato anual con tu producto le puede otorgar un descuento importante mensual en vez de pagar mensualmente, lo cual podría salirle más caro. Prepara una tabla con pagos mensuales y anuales para que así pueda ver la diferencia claramente.

- Si aplicas estas negociaciones a tus clientes sentirás cada día que al hacer tu trabajo de forma perfecta una vez, tendrás beneficios mensuales que irán sumando por cada nuevo cliente a largo plazo que añadas.

Cuestionario: Negocia a Largo Plazo

1. Escribe aquello que has aprendido hasta ahora de los clientes que han estado contigo de 3-6 meses:

____

____

____

2. Apunta tus clientes que creas que son de largo plazo. (Renueva esta lista a lo largo del año):

____

____

____

3. Crea un plan beneficioso en el que el cliente obtendría más beneficios al usar tu producto durante un año:

____

____

____

4. ¿Qué clase de descuento puedes ofrecerle a tu cliente si está un año contigo?:

____

____

____

5. ¿Qué productos podrías regalar a tus clientes si te son fieles el primer año? Escríbelos:

____

____

____

6. ¿Cuánto podría ahorrarse tu cliente si adquiriera un año tu producto?
¿Cuánto más si lo adquiriera mes a mes?:

____

____

____

Tras un año vuelve a este capítulo (apuntalo en tu Agenda para que lo recuerdes) y escribe el nombre de tus clientes actuales:

Clientes a corto plazo	Clientes a largo plazo

Este punto de venta se resume con las siguientes frases:

"La negociación a largo plazo debes verla como un plan de pensiones."

"Los tratos a largo plazo te asegurarán que lo que trabajas hoy no solo te cubrirá este mes, sino los años siguientes."

"Un cliente a corto plazo es aquel que adquiere tu producto de 3-6 meses."

"Todo vendedor que quiere una vida mágica necesita ingresos para su comienzo."

"Cuides a estos clientes durante los meses que está contigo." Con un cliente a corto plazo aprenderás:

- *A resolver las dudas con el producto que surgirán a los siguientes clientes.*

- *A no insistir con las cuotas mensuales.*

- *A mantener la calma cuando un cliente no está contento con el producto.*

- *A responder en un horario normal.*

- *A mantener la relación de vendedor-cliente, aunque asistas a sus eventos sociales.*

- *A nunca adelantar un producto antes de recibir el pago.*

- *A apuntar cada petición que te haga el cliente.*

- *Y a ser totalmente transparente desde el primer momento.*

"Considerando a los clientes de corto plazo tus primeros pasos en el mundo de las ventas podrás estar positivo por la cantidad de lecciones que aprendes a la vez que ganas dinero."

240

"Estos clientes son perlas, una vez que encuentres uno debes cuidarlo y prestarle gran atención."

"Superan el primer año y siguen comprando después de este con regularidad."

"Un cliente a largo plazo es aquel que te llama y comprendes perfectamente que producto le ayudaría y te es fácil venderle por la confianza que existe."

"Te preguntará a ti debido a que eres su coach de ventas, su mentor en las compras."

"Lo que más le preocupa al cliente a largo plazo es tu sinceridad."

"Luego vuelven más agradecidos por que exista un vendedor que de verdad le quiere ayudar."

"Puedes crear un plan de un año donde el cliente obtenga grandes beneficios y así pueda sentir tu amabilidad durante 12 meses."

"Ofrece a tus clientes un año de confianza a cambio de un descuento en el segundo año."

"Ofrécele un producto extra a cambio de un contrato de un año."

"Prepara una tabla con pagos mensuales y anuales para que así pueda ver la diferencia claramente."

36
Siempre positivo

¡La actitud para la vida mágica!

Déjame preguntarte algo, ¿sueles repetir restaurante por que el camarero/a es realmente simpático/a? ¿Te gusta ir a un lugar porque sus empleados te sonríen siempre y responde de forma amable? Seguro que sí. A mí me encanta que las personas sepan mi nombre allí donde voy y que siempre tengan una sonrisa para mí. Eso para mí es **un vendedor perfecto, alguien que hace que te sientas bien desde el inicio de una venta hasta el final,** tanto que al salir digas: *"la próxima volveré aquí también."*

Es lo que tienes que conseguir tú también si quieres tener una vida mágica. **Estar positivo todo el tiempo, ya sea en el trabajo como en tu vida personal.** Ya he dicho que ser vendedor no es una máscara que quitarse cuando acaba el día, debe ser parte de ti, eres vendedor en cada aspecto de tu vida. Si quieres convencer a tu pareja, hijos y amigos de que hagan algo, debes pedirlo con positividad, solo así recibirás la respuesta de la misma manera.

Ahora, he creado a partir de mi propia experiencia y de la de vendedores en todo el mundo, una serie de pautas que te ayudarán a estar siempre, siempre, siempre positivo. Debes tomarlas en serio, llevarlas a cabo y que se conviertan en parte del oxígeno que respiras en cada milésima de segundo.

¡Empecemos!

Hoy haré...

Steve Jobs solía preguntarse cada mañana si aquello que iba a hacer aquel día le hacía completamente feliz. Inspirándome en él, esta es la siguiente acción que debes hacer al despertarte mientras tomas tu primer té o café de la mañana:

Escribe que te gustaría hacer hoy para ser más feliz.

Esta acción hará que durante el día te mantengas positivo/a pensando en que vas a tener una recompensa por vender de forma excelente, incluso **puedes compartirlo con el cliente del día, así verá que tienes una vida interesante a parte de las ventas.**

Escucha música alegre de camino a las citas

Es importante todo lo que escuchas o ves, ya que tu vida se basará en lo que consumas. Por ello asegúrate de que la música que suena en tu coche sea positiva, nada de corazones rotos, todo tiene que inducirte a tener un grandioso día.

La comida

La famosa autora y cocinera Julia Child encontró la felicidad en la comida mientras vivía en un país donde no entendía ni una sola sílaba, apenas veía a su marido y el gobierno les acusaba de espías. Pero, aun así, Julia supo estar siempre positiva gracias a la comida, por ello considero tan importante comer cosas que te hagan feliz.

¿Dónde voy a comer hoy?
Reserva un nuevo restaurante o come con un amigo/a que sabes que siempre está positivo, **lo importante es que la comida sea un momento de felicidad**, que disfrutes de cada sabor hasta provocarte una sonrisa. Puedes buscar nuevas cosas que probar en mi libro "Cenando con Millonarios".

Comparte ese momento
Si comes solo/a **puedes compartir tu comida en directo a través de las redes sociales.** En el actual Siglo XXI el ser humano siente la necesidad de compartir aquello que disfruta, así que hazlo tú también para regalar felicidad a otros.

Al final del día

Tal y como he dicho al principio, no debes tener ninguna mascara de vendedor, debes ser totalmente tú al igual que la positividad.

¡Ha sido un día fenomenal!
Di esto a los que te pregunten "¿qué tal el día?", **nadie debe exigirte nada si el día no ha salido como querías, solo tú tienes ese poder**, así que deja claro que el día ha sido genial y apunta lo que has aprendido para que al día siguiente sea aún mejor.

Termina con una sonrisa

Antes de acostarte sonriente a ti mismo/a en el espejo, puede que al principio resulte un poco extraño, pero poco a poco aprenderás a sonreírte a ti mismo/a. Ya que todos sabemos sonreír a los demás, pero no a nosotros.

Nada podrá contigo

Lo más importante para estás positivo/a es saber que nada ni nadie puede romper tu burbuja de positivismo. De hecho, **todo aquello que sea algo negativo debes verlo como un muro que solo puede romperse con la positividad.** Si te llegó una factura que no puedes pagar, cuanto más alegre estés ese día mas citas cerraras. Si tu pareja no te apoya en las ventas, estate positivo para poder vender más y mostrarle que se equivoca. Si un familiar está enfermo y no puedes cuidarle como desearías, continúa sonriendo, esa persona necesita tus cierres. Si no tienes la vida mágica que tanto querías, **deja de estar negativo porque solo la gente trágica lo está, la mágica sonríe todo el tiempo**. ¡Sé positivo en todo momento!

Cuestionario: Negocia a Largo Plazo

1. Define a un vendedor perfecto:

____

____

2. Define como sueles levantarte y cómo transcurre el día, ¿sueles estar positivo todo el tiempo? ¿Qué suele destruir tu negatividad?:

____

____

3. ¿Qué actividades te gustaría hacer a lo largo del día para sentirte más positivo?:

____

____

4. ¿Qué comidas probarías que harían posible un momento positivo?:

____

____

5. Escribe aquellas frases que dirás si alguien te pregunta ¿qué tal fue el día?:

____

____

6. Define un día positivo para ti. ¿Qué tendría que suceder para
que estuvieras las 24h positivo/a?:

Este punto de venta se resume con las siguientes frases:

"Un vendedor perfecto, alguien que hace que te sientas bien desde el inicio de una venta hasta el final."

"Estar positivo todo el tiempo, ya sea en el trabajo como en tu vida personal."

"Eres vendedor en cada aspecto de tu vida."

"Escribe que te gustaría hacer hoy para ser más feliz."

"Puedes compartirlo con el cliente del día, así verá que tienes una vida interesante a parte de las ventas."

"Escucha música alegre de camino a las citas." "Tu vida se basará en lo que consumas." "¿Dónde voy a comer hoy?"

"Lo importante es que la comida sea un momento de felicidad." "Comparte ese momento."

"Puedes compartir tu comida en directo a través de las redes sociales." "¡Ha sido un día fenomenal!"

"Nadie debe exigirte nada si el día no ha salido como querías, solo tú tienes ese poder."

"Termina con una sonrisa."

"Antes de acostarte sonriente a ti mismo/a en el espejo."

"Todo aquello que sea algo negativo debes verlo como un muro que solo puede romperse con la positividad."

"Deja de estar negativo porque solo la gente trágica lo está, la mágica sonríe todo el tiempo."

246

37
Ejercicio para el Positivismo

¡Convierte tus frases en positividad!

He desarrollado el siguiente ejercicio para que puedas practicar tu positividad. Este consiste en convertir las frases negativas que hay en los recuadros en frases positivas, así verás cómo tienes la capacidad de siempre ser positivo:

FRASE NEGATIVA	FRASE POSITIVA
No tengo tiempo para nada	
No tenemos dinero	
No estás teniendo los mejores resultados	
No podemos gastar más	
Estoy cansado/a de que te vayas a vender	
Cuando vuelvas, ya hablaremos de tus pocos ingresos	
¿Ya te hiciste millonario/a?	
¿Y cuándo pagaremos las facturas?	
No te olvides de las vacaciones	
¿Y cuánto hemos ahorrado?	
Y si sale mal, ¿qué hacemos?	
¿Qué va a pensar la gente?	
Me prometiste que ya seríamos millonarios	
No sé cuánto más aguantaré	
No quiero hacer más sacrificios	
¿Cuánto dinero gastaste ya?	
¿Estás ganando algo con eso de las ventas?	
¿Te ha pagado ya el cliente?	

Algunas de estas frases negativas son las más duras que puede recibir un vendedor a lo largo de su carrera. Para empezar, debes entender que la persona que te las dice solo está asustada y cree saber lo que es mejor para ti. Por ello no la ataques, solo respira hondo y responde de forma positiva. Solo necesita que le confirmes que vas a tener una vida mágica.

38

Frases típicas de un vendedor trágico

¡Qué debes eliminar de inmediato!

La mayoría de las veces decimos frases de las que no somos totalmente conscientes de la gran negatividad que aporta a nuestras acciones. Suelen surgir en momentos en que nos relajamos y olvidamos que somos vendedores, cuando nos creemos parte del mundo corriente. Pero **una persona que desea una vida mágica, nunca debe ser común, tienes que sentirte siempre a un paso más de los demás, pensar más allá, ir a lugares, ver películas y hacer cosas que ellos jamás harían.** Y sobre todo debes hablar diferente, eliminar las frases más negativas de tu vocabulario. Tenerlas completamente prohibidas.

De hecho, todo el mundo debería entender la repercusión que tienes estas frases en la vida de una persona, sea o no vendedor, ya que decir o hacer cosas negativas, siempre atraerán resultados trágicos.

¿Pero cuáles son esas frases? Voy a mostrártelas a continuación, pero antes quiero advertirte que puede que tu mente trágica considere exagerado el que estás frases sean tan negativas para ti, como he dicho es tu voz trágica, ignórala y comienza a eliminar las siguientes frases de tu vida desde ahora.

FRASES NEGATIVAS	DEFINICIÓN REAL
No soy tan bueno/a	Al decirte esta frase limitas tu verdadero talento, existen muchas maneras en que puedes lograr lo que deseas.
No soy muy atractivo/a	La belleza es relativa, lo importante es sentirte bien contigo mismo/a y el mundo te verá como tú te sientas.

Soy torpe	No existe la torpeza, sino la inseguridad en los pasos que uno da hacia sus sueños.
No se me da bien… .	A nadie se le da bien las cosas nuevas, así que sigue practicando
La vida es difícil	La vida es fácil si así lo crees.
No seré feliz hasta que…	La insatisfacción nunca es buena, sé feliz ahora, sé positivo o tendrás miedo al fracaso siempre.
No tengo tiempo	Tienes el tiempo que administres bien.
No tengo dinero	Tienes dinero siempre, lo que no tienes, es más.
Soy demasiado viejo/ demasiado joven	La edad no importa, la habilidad es lo importante.
Tengo otras obligaciones	Aquello a lo que priorice será en lo que tendrás éxito, decide que sea en cosas positivas.
Nadie cree en mí .	¡Mentira! Yo creo en ti, pero lo más importante es que tú también
Me siento agobiado/a	El agobio no es más que una sensación falsa que el humano utiliza cuando quiere huir de sus resultados, enfréntate a ellos y hazlos positivos.
Ya no puedo más	¿Quieres morir? Porque eso significa no poder más. Di que puedes esto y mucho más.
Con lo tranquilo/a que estaba…	No estabas tranquilo, estabas regodeándote en tu vida trágica, ahora toca que obtengas la vida mágica y eso significa vender.
Hoy no es mi día	¿Y cuál es? Si respiras es tu día.
Tengo demasiada competencia	La competencia solo está en tu cabeza, hay muchos clientes en el mundo para que solo te preocupes de unos pocos que no quisieron comprarte.
Todo me sale mal/Tengo mala suerte	¿Todo? Puedes caminar, puedes hablar, puedes comer, puedes leer…todo te sale realmente bien.

251

No puedo	Claro que no puedes, porque no paras de decírtelo a ti mismo.
Que tonto/a soy	Si has llegado hasta aquí, no eres para nada tonto/a

Para conseguir eliminar estas frases de tu vocabulario tengo un truco para ti. *Escribe sobre tu agenda una línea negra cada vez que digas una de estas frases negativas, así al final del día te darás cuenta de cuan negativo eres. Y tras repetir cada día tu mente interceptara la frase antes de que la digas. En ese momento sentirás como las cosas están cambiando en tu mente.*

39
Palabras de un vendedor trágico

¡Qué jamás tendrá una vida mágica!

Conocí a un vendedor muy importante en el mundo de las ventas físicas que estaba realmente apasionado con la educación de su hija. Todo lo que aprendía en seminarios sobre motivación, como vender e incluso inversiones, se lo enseñaba a su hija. Entonces un día me contó que le había prohibido la palabra "No", aquello me creó curiosidad ya que no creía que fuera buena idea enseñarle eso a tus hijos, ya que deben saber decir no en ciertas etapas de su vida. Pero entonces el vendedor me explicó que gracias a aprender a pensar de qué manera dar una negativa, su hija evitaba conflictos, pues no se cerraba en banda, simplemente explicaba su punto de vista y calmaba a la otra persona pues la chica sonaba razonable.

Aquello fue toda una revelación. Entendí el poder de las palabras negativas en los seres humanos. **Todos nos sentimos ofendidos y perdidos cuando alguien nos dice "no", pero cuando nos dan una explicación, parecemos calmarnos y es más simple seguir con nuestras vidas.** Así que busqué que otras palabras afectan de forma negativa los resultados de un vendedor. Y estás son las que debes eliminar de tu vocabulario:

PALABRAS NEGATIVAS	SUSTITUIR POR...
No	Mejor en otra ocasión, ¿qué te parece si...? Preferiría...Lo mejor es...Ahora mismo...
Puede ser	Te aseguro que...
Imposible	Puedo hacerlo...Voy a intentarlo...
Odio	Prefiero...Me gusta más...

Culpa	Siento que soy responsable de...
Horrible	Me esperaba que fuera mejor...
Fracaso	Aún estoy en ello...
Malo	Es mejor...
Insuficiente	Se podría hacer más...
Caro	Su precio está definido por sus beneficios...
Irresponsable	Esperaba más determinación por parte de...
No lo sabía	Gracias por la información... Ahora entiendo...
Mentira	¿Está seguro/a de ello...?
Te equivocas	Estoy bastante seguro/a de que es...
No creo...	Me parece que es así...
Feo	Tiene un aspecto curioso...
Inculto/a	En proceso de aprendizaje...
Tonto/Inepto	Es algo desconocido para...
Juro	Puedo asegurarte...

Estas palabras suelen surgir en momentos cotidianos, cuando nos muestran un producto de la competencia o si un cliente se queja, son palabras impulsivas que solo atraen resultados aún más negativos. Por ello es importante que te des cuenta del momento en que vas a pronunciar una y detenerte para buscar en tu diccionario mental, la correcta, la positiva.

Lo mejor es que las apuntes en tu agenda o en una libreta que lleves contigo, las positivas en un lado y las negativas al otro. Cada vez que digas una u otra márcala al final de la reunión para que así puedas examinar tus progresos hacía una mentalidad positiva.

40
Expresiones que atraen negatividad

¡Y que es mejor no utilizar!

Parecen totalmente inocentes e incluso algunas nos crean la sensación de aliviarnos cuando mantenemos conversaciones en la que la pregunta estrella es "¿qué tal estás?".

Cambiar las expresiones me cautivó al leer el libro "Mente Millonaria", donde en uno de sus capítulos habla sobre la expresión "ganarse la vida" la cual está en la lista. Había oído pronunciar tal expresión a toda clase de vendedores, personas corrientes, amigos, empleados, familiares… ¿y me pregunté si realmente afectaba a sus vidas aquella respuesta? Y así era. Todos seguía intentando ganar a la vida, pero la vida no es algo que se gana, **la vida es un triunfo por el hecho de nacer y seguir presente en el mundo.**

Entonces me puse como loco a escribir las expresiones que había estado diciendo y oído hasta el momento con total inocencia, dándome cuenta de la negatividad que me rodeaba al permitirme tales expresiones y decidí eliminarlas por completo.

Las expresiones que uses son vitales en tu camino hacía una vida mágica, porque ellas son las que explican como ves el trayecto, como deseas que sea.

Aquí te presento algunas de las más usadas:

EXPRESIONES NEGATIVAS	SIGNIFICADO REAL
Menos mal	Lo que en realidad solicitas es menos males, lo mejor sería desear que te pase lo bueno no lo malo
Voy tirando	Tienes una carga en tu vida, por eso tiras de ella, no es necesario mostrar la

Por lo menos	tragedia, sino decir que vas a por tus sueños. Estás pidiendo que pase algo menor en vez de lo que tú deseas.
No hay nada mejor	Limitas a que lleguen cosas mejores a tu vida.
¿Se puede pedir más? No hay mal que por bien no venga	¡Siempre se puede pedir más! Es mejor no desear ningún mal para tener cosas buenas en la vida.
Más vale tarde que nunca	De esta manera acostumbras a tu mente a tener las cosas tarde.
Después de la tormenta viene la calma La vida son tres días Más vale diablo conocido, que diablo por conocer Toca madera	Si de verdad crees en esta expresión, siempre tendrás que pasar por cosas malas para obtener lo que quieres. Esta expresión se utiliza para no responsabilizarte de tus sueños, sino seguir viviendo de forma trágica. Si eres de los que crees en esta expresión no te atreverás a probar estrategias nuevas Un vendedor mágico sabe que la suerte no existe, cada uno se la crea
El dinero no da la felicidad A veces se gana, a veces se pierde	Ten claro que el dinero te ayudará a sentirte libre de preocupaciones, ser feliz depende de ti Tu pensamiento siempre tiene que ser que solo existe las veces en las que se gana.

Cuando el dinero se va por la puerta, el amor se va por la ventana	Tener miedo a que las personas que te aman se vayan por no tener dinero, solo te causará más temor.
Lo hecho, hecho está	Con esta expresión te das por vencido/a
Así es la vida	La vida es tal y como tú la diseñes, así que no la des por hecho
La vida es dura	Si decides que la vida es dura, así es, por ello es mejor que escojas un mejor adjetivo que defina tu vida.
No hay más remedio	Te dar por vencido/a con esta expresión, mejor busca ese remedio
Las cosas son como son	Las cosas serán como tú creas que son

41
Como deshacerte de la gente negativa

¡Para siempre!

Todos conocemos el clásico refrán: dime con quién andas y te diré quién eres. Pero muy pocos vendedores se toman realmente en serio examinar quienes son las personas con las que socializa, quienes les dan consejos y a quienes escucha. **Todo vendedor tiene a amigos negativos a su lado que de forma indirecta o directa provoca pensamientos negativos en nuestra mente**. Por ello es tan crucial este capítulo.

Debes deshacerte de las relaciones negativas ahora que estás de camino a la vida mágica, ya que cuando alcances todo aquello con lo que soñaste, las personas negativas que sigan a tu lado pueden hacerte mucho daño. Y si no lo crees pensemos en algunos de los grandes hombres y mujeres del planeta que, tras conseguir generar millones, se vieron afectados por sus relaciones negativas.

- *Steve Jobs - Daniel Kottke*: La privacidad de Jobs se vio afectada por un comentario de Daniel a la prensa.

- *Mark Zuckerberg - Eduardo Saverin*: Puso en riesgo más de una vez a la famosa red social con su vida personal.

- *Freddie Mercury - Paul Prenter:* Influenciaba a Mercury para que hiciera música totalmente diferente y organizaba fiestas que le hicieron llevar una vida poco sana.

- *Dick y Mac McDonald - Ray Kroc:* Aunque los primeros fundaron la gran franquicia de comida rápida, fue Ray quien consiguió hacer famosa la compañía, donde los hermanos estaban resultando un freno.

- ***Margaret Keane - Walter Keane***: La famosa pintora de retratos con ojos grandes fue ocultada por el talento inexistente de su marido, el cual se atribuyó durante muchos años sus cuadros.

- ***Los hermanos Dassler***: Fundadores de Adidas y Puma estuvieron en disputa durante casi toda su vida por pensar de forma diferente y una supuesta traición, su separación creó dos de las grandes marcas de zapatillas deportivas que hoy conocemos.

Te invito a que busques los nombres de los mencionados e investigues sus relaciones negativas, como no deshacerse de aquellos que no les otorgaban nada positivo antes de alcanzar la cima, resultó más traumático.

Pero ahora es el momento de examinar quienes te rodean. Para ello voy a mostrarte como diferenciar las personas positivas de las negativas.

Señales de Personas Negativas

Una persona negativa es aquella que no te aporta, sino que te quita. Suelen consumir tu energía positiva y hacerte cambiar de opinión de una manera realmente rápida. Para que comprendas la importancia de identificar a las personas negativas que te rodean, quiero que imagines lo siguiente: *Tras terminar este libro te sientes emocionado, sabes la clase de vida mágica que quieres, tienes tu Sistema para el éxito planificado, sabes que mañana vas a despertarte temprano y comenzar tu día con energía. Entonces te llama tu amigo y quiere quedar a tomar algo. Aceptas, porque es lo que siempre sueles hacer y le cuentas lo que has leído, este te escucha atentamente y cuando has acabado, te dice: "Ay amigo, no creo que consigas una mansión leyendo un libro." Puede que te influya o no, pero esa persona no sabe lo que realmente quieres, ni siquiera se preocupa en que tengas una vida mágica. Solo quiere que sigas diciendo que "sí" para tomar algo.*

Ahora pongamos sobre la mesa cuales son las señales de aquellas personas que son negativas para nuestro éxito:

- **Te distraen de tu propósito: Lo primero que suelen hacer este tipo de personas es decirte frases como "hay que disfrutar de la vida" o "ya trabajaste suficiente hoy".** Debes entender que las personas que te rodean no quieren una vida mágica, por lo que no entenderán que tienes una agenda que cumplir y que será suficiente cuando cumplas tus propósitos.

  A este tipo de amigos lo mejor es dejarles claros que vas a embarcarte en cumplir tus metas y de que ya le avisarás cuando tengas en tu agenda un hueco. Seguramente esta persona se alejará.

- **Solo presume**: ¿Te ha pasado alguna vez que has hablado con un amigo y has sentido que lo único que deseaba era presumir frente a alguien? Estos **tipos de personas suelen tener una autoestima baja, por lo que necesitan contarles a otros lo superior que son para sentirse mejor**. El problema está en que necesitan que el oyente se sienta inferior.

  Para los presumidos puedes contraatacar contándoles algo bueno de tu vida y si ves que atacan sin escucharte, es decir con algo que debería hacerte sentir inferior, lo mejor es que te alejes.

- **Sin objetivos: Aquellos que presumen de no tener objetivos en sus vidas y de que se dejan llevar son personas divertidas hasta que te arrastran a su estilo de vida.** Cayendo en la comodidad de vivir aun en casa de los padres. Seguro que conoces a personas así.

  Esta clase de personas no son muy insistentes, así que simplemente sigue tu vida, un día te encontrarás a ese amigo y seguirá teniendo la misma vida.

- **Persigue el dinero**: Cuando estás de camino a la vida mágica y comienzas a tener éxito, comienzan a surgir amigos que nada tienen que ver con tu trayecto. **Presta gran atención a esta clase de personas pues suelen llevar al camino de las fiestas desenfrenadas, las drogas y el alcohol.**

Ahora que has identificado las personas que no deberían estar en tu vida, llega el momento de resolver la gran pregunta. **¿Cómo deshacerte de un amigo/a negativo?**

Gracias a las tecnologías del Siglo XXI **podemos deshacernos de un amigo con un simple audio o con un mensaje**. Sin embargo, no debemos olvidar que estamos tratando con personas con sentimientos. Muchos se verán realmente afectados porque éramos su cuenco donde depositar negatividad o aquel amigo/a al que llorar. Por ello es **necesario hablar con tacto y explicar que estás en el camino de conseguir la vida que tanto deseas, tus sueños**. Algunos te apoyarán y otros sentirían tanto miedo, que te insultaran incluso.

Lo importante es que cuando recibas las respuestas cargadas de negatividad y agresividad, seas consciente de que la mayoría de las personas recibirían este tipo de respuesta si un día les dijeran a sus amigos que ya no desea verles más porque quieren alcanzar sus sueños. En ningún instante pienses que tienen razón, solo están asustados.

Para que te sea más fácil crear el mensaje correcto, aquí te dejo un ejemplo que puedes utilizar si lo deseas para así liberarte de la gente negativa que te rodea.

Hola   espero encontrarte bien.

Hoy quería enviarte este mensaje para decirte que por fin he tomado la decisión de tener una vida mágica. Para ello voy a necesitar estar rodeado/a de personas positivas, por lo que si deseas hablar conmigo, quiero que sea con cosas positivas. Te haré un hueco en mi agenda para compartir experiencias constructivas y que nos hagan mejores personas a ambos. Te deseo una gran vida. ¡Un saludo!

Lo que tienes que hacer a continuación es lo que nunca se dice en los libros que hablan de identificar a las personas tóxicas y negativas que son parte de tu vida. Bloquéalas. **Es innecesario saber que van a responder, no son tus mentores**, de ninguna manera te darán su bendición. Así que bloquéalas para que no puedan enviarte mensajes. Si quieren hablar contigo, existen muchísimas maneras de contactarte como las redes sociales. Si de verdad tienen algo importante que decirte buscaran otros medios.

Habiéndote deshecho de los amigos/as negativos, toca el círculo más delicado: La Familia.

¿Y si mi familia es Negativa?

Hace unos años conocí a una pareja de emprendedores que viaja por Europa gracias a que un día decidieron tener una vida mágica y trabajar para conseguirla gracias a las ventas. Quise saber que tal habían lidiado con las personas negativas a su alrededor y la respuesta fue: *"Lo peor fue la familia, el día que decidimos que íbamos a viajar a Italia y que no volveríamos a tener una vida normal, sino increíblemente mágica, llamamos a nuestras familias y les contamos nuestro plan. Fue realmente impactante la manera tan negativa en la que actuaron. Nos gritaron, nos llamaron irresponsables, locos y comenzaron a mencionar cosas del futuro que ni ellos aun poseían, como seguridad financiera." Quise saber que hicieron tras aquel golpe bajo. La respuesta fue: Los bloqueamos en nuestros WhatsApp hasta que estuvimos preparados para hablar con ellos. Aquellos les alertó, vieron lo fácil que era que desapareciéramos para siempre. Ahora mantenemos una relación en la que llamamos para decir que estamos bien, que seguimos viajando y saben lo que queremos que sepan. Cuanto menos sepa la familia mejor."*

Tras escuchar a aquella pareja, comprendí lo razonable que era lo que hablaban. **La familia es uno de los puntos más difíciles que eliminar cuando es negativa, por ello hay que saber tomar la distancia correcta para que no te afecte**. Para ello he desarrollado los siguientes puntos que te facilitarán mantenerte de la familia lo suficientemente lejos para verles solo en Navidad y sentir que sigues siendo un buen hijo/a, hermano/a, tío/ a…

• **La deuda de nacer es falsa**: Muchas personas sienten que tienen una deuda con sus padres por haberles dado la vida. Para mí esta es una de las mejores ventas que pueden hacer los padres para que sus hijos hagan lo que se les pide. Pero es bueno que entiendas que no es así, no debes nada a nadie, por lo que deja de oír las quejas de tu madre, los enfados de tu padre y de mantenerles por que un día decidieron tenerte. Tú no lo pediste. **Ten una relación sana con ellos en la que sientas que todo está pactado y en la que no temas que te pidan algo que no quieres hacer.**

• **Empieza con la Independencia**: Seamos realistas, **no puedes pedir espacio en tus relaciones negativas familiares si vives**

con ellos. Ninguna persona te tomará en serio si dices que aun vives con tu familia y menos tú mismo/a. Así que independiza, alza el vuelo. Alquila una habitación, empieza desde abajo, invierte tus primeros ingresos en independizarte y así crear tu espacio 100% positivo.

- **Separa lo Profesional de lo Personal:** En los momentos familiares como comidas o fiestas, es normal que los familiares te pregunten: *"¿Qué tal todo?" "¿Qué tal la vida?"* O *"¿Ya te hiciste rico?".* **La respuesta que des puede darles pie a indirectas negativas y desvalorizar tu vida.** Por ello es mejor que tengas respuestas comodinas como las siguientes:

  - *Todo genial, ¿y tú que tal?*
  - *Genial, gracias por preguntar.*
  - *Disfrutando de cada momento.*
  - *Muy bien, un camino que disfruto.*

Al reconocer a las personas negativas de tu vida solo te quedará espacio para las positivas, las que necesitas en tu camino hacía una vida fanáticamente mágica.

Cuestionario: Como deshacerte de la gente negativa

1. Haz una lista de las personas que suelen distraerte de tus objetivos:

2. Haz una lista de aquellas personas que solo te llaman o contactan para presumir de su vida:

3. Menciona a aquellas personas que no tienen objetivos en sus vidas, pero aun así, te aconsejan:

4. Escribe los nombres de aquellas personas que están contigo solo cuando tu situación económica es favorable:

5. ¿Qué familiares te hacen sentir que estás endeudados con ellos por existir?:

6. Si aún vives en casa de tus padres o con algún familiar, describe cómo vas a lograr independizarte:

____

____

____

7. Describe la última reunión familiar en la que deberías haber respondido que todo estaba bien y no explicar detalles que te hicieron sentir negativo:

____

____

____

____

8. Escribe cuál de las características negativas mencionadas en el capítulo posees también y cómo vas a eliminarlas para convertirte en alguien positivo:

____

____

____

____

Este punto de venta se resume con las siguientes frases:

"Todo vendedor tiene a amigos negativos a su lado que de forma indirecta o directa provoca pensamientos negativos en nuestra mente."

"Debes deshacerte de las relaciones negativas ahora que estás de camino a la vida mágica."

"Una persona negativa es aquella que no te aporta, sino que te quita."

"Lo primero que suelen hacer este tipo de personas es decirte frases como "hay que disfrutar de la vida" o "ya trabajaste suficiente hoy"."

"Estos tipos de personas suelen tener una autoestima baja, por lo que necesitan contarles a otros lo superior que son para sentirse mejor."

"Aquellos que presumen de no tener objetivos en sus vidas y de que se dejan llevar son personas divertidas hasta que te arrastran a su estilo de vida."

"Presta gran atención a esta clase de personas pues suelen llevar al camino de las fiestas desenfrenadas, las drogas y el alcohol."

"Podemos deshacernos de un amigo con un simple audio o con un mensaje."

"Es necesario hablar con tacto y explicar que estás en el camino de conseguir la vida que tanto deseas, tus sueños."

"Es innecesario saber que van a responder, no son tus mentores."

"La familia es uno de los puntos más difíciles que eliminar cuando es negativa, por ello hay que saber tomar la distancia correcta para que no te afecte."

"Ten una relación sana con ellos en la que sientas que todo está pactado y en la que no temas que te pidan algo que no quieres hacer."

266

"No puedes pedir espacio en tus relaciones negativas familiares si vives con ellos."

"La respuesta que des puede darles pie a indirectas negativas y desvalorizar tu vida."

42

TIP Como reconocer a las personas positivas

¡Y rodearte de ellas!

Al igual que es importante que identifiques a las personas negativas, es aún más crucial que reconozcas a las positivas. Aquellas personas que te ayudan a seguir adelante, que te apoyan, personas como tu pareja, tu mejor amigo/a, tu mentor, tu profesor…muchas de las personas más importantes de nuestros tiempos han tenido personas que han impulsado su talento, al igual que otros han tenido a alguien negativo.

Con estos TIPS podrás reconocer quienes son positivos a tu lado y además saber qué características tienes que cumplir para serlo tú también:

- Carecen de vicios que impiden que tengan una vida saludable.

- Tienen su propio negocio exitoso.

- Poseen estabilidad económica.

- Te escuchan y solo dan consejo si así lo pides.

- Recomiendan libros y películas que ayudan al desarrollo.

- Nunca critican a pesar de que les hayan herido.

- Saben respetar el espacio que las personas solicitan.

- Son agradecidas.

- Son reciprocas.

- Sonríen muchísimo de forma natural, sin sonar falsos.

- Tienen uno o varios talentos.
- No mezclan el trabajo con lo personal.

- Tienen tiempo para ocio.

- Son organizadas y ordenadas.

- Hablan desde la humildad.

- Se ilusionan con tus nuevos proyectos.

- No te dicen "te lo dije" cuando fallas.

- Te llaman o escriben para saber realmente como estás, no para presumir.

- Jamás te pedirán dinero o un favor.

- Te ayudarán sin pedirte nada a cambio.

- Ofrecen ideas llenas de ilusión y razonamiento.

Si has reconocido a algunas personas que están actualmente en tu vida al leer esta lista, ¡felicidades!, hay personas positivas a tu alrededor. En el caso contrario, te aseguro que siempre surgen en el camino hacía una vida mágica. Ya que cuando estás positivo/a atraes cosas y personas positivas.

Cuestionario: Como reconocer a las personas positivas

1. Haz una lista de las personas que cumplen las características mencionadas arriba:

   ____

   ____

   ____

   ____

2. Descríbete a ti mismo/a como una persona positiva, ¿qué cualidades desatacarais más? ¿cómo te sentirías si fueras todo positividad? ¿cómo te verían los demás? ¿cuáles serían tus resultados financieros, tu vida personal, tus amistades, tu familia…hazlo como si fuera totalmente real?

43
Clientes siempre positivos

¡Ingresos en alza!

Al encontrar esa positividad que estás aprendiendo en esta cuarta parte, es importante que no olvides que **el cliente también desde estar positivo para que todo funcione**. De hecho, es primordial tener un cliente feliz para que la rutina continúe en esa línea. Pero **¿cómo se consigue que los clientes estén siempre positivos?**

La respuesta genera una serie de puntos que todo vendedor debe cumplir en sus ventas y son los siguientes:

- Producto adecuado para el cliente.
- Cliente asesorado.
- Pre-Positividad.

Producto adecuado para el cliente

Asegurarte **un cliente feliz significa un cliente que tiene el producto adecuado**, suele pasar mucho en la industria que los vendedores principiantes, y a veces no tan principiantes, recomiendan a sus clientes consumir un producto que no está hecho a su medida.

Para que visualizas lo graves que puede ser llevar a cabo una venta así, imagina por ejemplo que vas a una tienda de ropa y te compras una camiseta, la vendedora insiste en que el color amarillo fluorescente te favorece. Tú miras la prenda y no estás para nada convencido/a, pero la vendedora insiste tanto que acabas comprándola. Cuando llegas a casa y la pruebas de nuevo, estás decidido en que no te gusta. Así que la devuelves y además de perder la comisión la vendedora, acaba de ganarse un cliente negativo en cuanto a la tienda.

Si tu cliente tiene en sus manos el producto incorrecto seguramente acabara con un sentimiento negativo hacia ti por recomendarle algo que no le beneficia. Por ello es importante que solo recomiendes el producto a personas que realmente lo necesitan para mejorar sus vidas. Es decir, si tu producto es de pérdida de peso, déjaselo claro al cliente si es delgado, en caso de que vendas cursos online, asegúrate que tu cliente tiene una conexión adecuada a internet para que disfrute de toda la experiencia. **Pregúntate siempre ¿el cliente se sentirá 100% positivo con el producto según su estilo de vida?**

Cliente asesorado

Los clientes necesitan que se les asesore el tiempo que exigen, siempre y cuando no rompa tu agenda. Ya que **un cliente bien asesorado, significa menos dudas, más resultados positivos.**

Hace poco una vendedora de productos de bajada de peso me comentó que no estaba teniendo clientes positivos últimamente. Así que le pregunté si lo estaba asesorando correctamente, contestó en afirmativo y me explicó que todos tenían un manual de como consumir el producto. La animé a revisarlo ya que tal vez ahí estuviera el error. ¡Y así era! Al imprimir el manual no se dio cuenta de que faltaba una hoja sobre la importancia de tomar el producto en ayuno y todos sus clientes estaban consumiendo el producto de forma errónea. La vendedora creyendo que estaban suficientemente asesorados con el manual, siguió compartiéndolo a todos sus clientes.

Asesorar no significa enviarles toda la información por email o crear un manual. **Los clientes confían en el vendedor y esperan que estos se preocupen de que el producto está funcionando para ellos.** Así que revisa tu asesoramiento y asegúrate de que obtienes los resultados que quieres.

Pre-Positividad

¿Qué es la Pre-Positividad? Significa tener la capacidad de que tú cliente esté positivo antes de cada llamada, cita o pregunta. ¿Suena maravillosos verdad? Tanto que parecería incluso

273

improbable, pero lo es, es posible. Como vendedor **puedes adquirir la habilidad de conseguir que tus clientes te contesten y reciban siempre de forma positiva** con las siguientes claves:

- **Antes de una cita: Un par de días antes envíale mensajes positivos, frases, noticias positivas relacionadas con su hobby.** De hecho, comienza tu próxima cita mencionando tales mensajes, así sentirá que empezáis hablando de algo positivo, consiguiendo que el tono de la conversación siga la misma línea.

- **En una llamada: Responde con gran positividad y recalca lo bien que se ve el cliente desde que usa el producto,** observa sus redes sociales y fíjate en sus cambios.

- **Durante la cita:** El día del seguimiento es importante que te vea con una sonrisa, que cuentes alguna broma y así se contagie de tu felicidad. **Haz que la cita sea relajada, aunque sepas que te va a contar algo negativo, tu actitud debe hacerle reflexionar y ver en ti siempre el vendedor en el que confió alguna vez.**

Con estos tres puntos mantendrás a tus clientes positivos.

Invítales a quejarse

Has leído bien. **Un vendedor positivo debe invitar a su cliente a que exprese si le inquieta algo acerca del producto**, si le gustaría mencionar si está obteniendo lo que deseaba en el tiempo que esperaba. **Si lo haces de forma positiva el cliente responderá de la misma manera**, sin ser agresivo y a la espera de que resuelvas sus dudas.

Esta técnica te dará la posibilidad de mejorar tu presentación y prepararte para tus clientes futuros. Solo tienes que aprender la manera correcta de sacar a la luz las quejas. Las siguientes preguntas son las más usadas por vendedores elites:

- El producto parece hecho para ti ¿cierto?

- Veo que sonríes más desde que tomas el producto ¿verdad?

- Definitivamente el producto ha hecho un cambio mejor en ti, ¿lo notas?

- Desde la última vez que nos vimos estás más delgado/a, ¿cuánto perdiste ya?

- Se te nota más inteligente, ¿cuantos cursos te viste ya?

- Tu manera de hablar a cambiado desde que inviertes, ¿los beneficios te hacen feliz verdad?

- Seguro que no soy el primero que te lo dice, pero noto un gran cambio en ti.

Como ves, **las preguntas primero buscan una respuesta positiva y abren la posibilidad de que el cliente pregunte y plantee sus dudas,** pero manteniendo la positividad como entrada a las dudas.

Recuerda que un vendedor positivo más un cliente feliz es igual a más productos vendidos.

Cuestionario: Clientes siempre positivos

1. Describe de qué manera solías intentar mantener a tus clientes positivos antes de descubrir las técnicas de este libro:

____

____

____

2. Menciona a tres clientes que dejaron el producto porque consideraban que no era para ellos y escribe las razones que te dieron:

____

____

____

3. ¿Cómo sueles asesorar a tus clientes? ¿Crees que te dará resultados positivos?:

____

____

____

4. Prepara un mensaje para tu siguiente cita para enviar antes y así conseguir una respuesta positiva:

____

____

____

5. Escribe como vas a comenzar la siguiente llamada para recibir una respuesta positiva:

____

____

____

6. ¿Con que broma o comentario positivo vas a comenzar tu próxima cita?:

____

____

____

7. Después de utilizar alguna de las frases para Invitar a quejarse a tus clientes, vuelve a este capítulo, escribe cual usaste y cuál fue el resultado:

____

____

____

____

____

____

____

____

____

Este punto de venta se resume con las siguientes frases:

"El cliente también desde estar positivo para que todo funcione."

"Un cliente feliz significa un cliente que tiene el producto adecuado."

"Si tu cliente tiene en sus manos el producto incorrecto seguramente acabara con un sentimiento negativo hacia ti por recomendarle algo que no le beneficia."

"Es importante que solo recomiendes el producto a personas que realmente lo necesitan para mejorar sus vidas."

"Pregúntate siempre ¿el cliente se sentirá 100% positivo con el producto según su estilo de vida?"

"Un cliente bien asesorado, significa menos dudas, más resultados positivos."

"Los clientes confían en el vendedor y esperan que estos se preocupen de que el producto está funcionando para ellos."

"¿Qué es la Pre-Positividad? Significa tener la capacidad de que tú cliente esté positivo antes de cada llamada, cita o pregunta."

"Puedes adquirir la habilidad de conseguir que tus clientes te contesten y reciban siempre de forma positiva."

"Un par de días antes envíale mensajes positivos, frases, noticias positivas relacionadas con su hobby."

"Responde con gran positividad y recalca lo bien que se ve el cliente desde que usa el producto."

"Haz que la cita sea relajada, aunque sepas que te va a contar algo negativo, tu actitud debe hacerle reflexionar y ver en ti siempre el vendedor en el que confió alguna vez."

"Un vendedor positivo debe invitar a su cliente a que exprese si le inquieta algo acerca del producto."

"Si lo haces de forma positiva el cliente responderá de la misma manera."

"Las preguntas primero buscan una respuesta positiva y abren la posibilidad de que el cliente pregunte y plantee sus dudas."

44
Vicios negativos y positivos

¡Qué debes tener en cuenta!

Ser vendedor no significa ser totalmente inmunda a los vicios. En mis 15 años como vendedor y emprendedor, he visto a muchos vendedores estropear el imperio que habían creado por no controlar sus vicios. Según mi punto de vista hay dos tipos de vicios, los negativos y los positivos. Llegué a esta conclusión cuando leí que Warren Buffet lee 500 páginas al día y según la definición de la palabra vicio, es aquello que haces de forma habitual. Buffet tiene el vicio de la lectura, el cual es positivo y le ayuda a ser uno de los hombres más ricos del mundo. Por ello todo vendedor debe conocer cuáles son los vicios malos y los buenos.

Empecemos con los negativos para que te deshagas de ellos de una vez por toda.

- Drogas: Las drogas son cada vez más visuales en las películas donde los personajes son ricos y ganan millones. Este mensaje es totalmente erróneo, ser rico no significa que debas drogarte ni mucho menos, así que elimina esa teoría de tu cabeza. Una persona con una vida mágica debe ser alguien sano por el camino y cuando llegue a este.

- Alcohol: Una copa de vino es un placer para cualquier persona que disfrute de las bebidas, en mi último libro "Cenando con Millonarios" mencionó algunas de las mejores uvas que he probado. Pero es importante saber dónde está nuestro limite, no eres ningún Hemingway, no necesitas estar borracho para emprender, debes tener la mente siempre despejada.

- Sexo: Piense y Hágase Rico habla sobre la transmutación del sexo para conseguir el éxito. El amor y el sexo son un gran empuje, pero cuando las personas lo utilizan para llenar un vacío, hay empiezan las trabas. Por ello ten una relación sana contigo mismo y con los demás.

- Ver Noticias negativas: Es totalmente innecesario ver que está sucediendo en el mundo al otro lado, lo mejor es estar al día de las noticias positivas ya que estás te ayudarán a estar siempre de buen humor.

- Comida Rápida: A parte de la mal nutrición de este tipo de comida, lo que comes influye en la energía con la que vayas a hacer tus citas.

   No es lo mismo comer una hamburguesa que un buen plato de verduras y un zumo energético, el segundo te proporcionará energía, el primero sueño.

- Cotillear y criticar: Vivimos en una sociedad donde al humano le encanta opinar y comparar su estilo de vida con el de los demás, pero esto puede destruir tu imagen como vendedor clásico y profesional. Por lo que evita el cotilleo.

- Apuestas: Los juegos de suerte han destruido a muchas personas ricas, por lo que intenta evitar jugar, debes mostrar que el dinero se gana emprendiendo, no con la suerte.

- Adición a internet: Es uno de los mayores vicios del Siglo XXI, mirar constantemente la vida de los demás a través de una pantalla, comparar, envidiar y sonreír sin ser feliz realmente. Por ello utiliza internet solo para trabajar.

Si posees alguno de estos hábitos, tranquilo/a no eres el primer vendedor que va hacía una vida mágica y tiene que eliminar vicios que son dañinos para su futuro. Ya que si no los eliminas ahora, cuando estés rodeado de personas exitosas y tengas todo aquello con lo que soñaste, estos vicios podrían llegar a duplicarse. La historia ya lo ha demostrado.

Pero la cuestión es, ¿cómo puedes deshacerte de estos vicios? La respuesta es muy simple: Centrándote en los vicios buenos, ya que es más efectivo sustituir lo malo por lo bueno, que luchar contra ellos. Si en vez de ver en internet perfiles sociales, te encargas de buscar frases de éxito, están combatiendo un vicio intercambiándolo por algo muchos más beneficios.

281

A continuación, te muestro cuales son esos vicios positivos:

- Una Alimentación sana: Busca maneras en las que sustituir la coma rápida, hoy en día existen hamburgueserías veganas, por ejemplo, que te complacerán el apetito de lo que sirven las franquicias, pero de una manera saludable.

- Relaciones beneficiosas: Ten amistades y relaciones amorosas con personas que aporten positividad a tu vida. Y ten presente que un vacío no lo llena otra persona, primero debes hacerlo tú mismo/a para luego encontrar a la persona adecuada.

- Leer: La lectura es el mejor vicio que puede tener un vendedor, te ayudará a expandir su vocabulario y además mantener una mente positiva, llena de imágenes y personajes, mucho mejor que leer los posts de las redes sociales.

- Clubs: Para satisfacer la necesidad humana de cotillear y criticar, te aconsejo que te unas a un club del libro, de cocina o tal vez de golf. Así podrás hablar de temas culturales con más personas, hacer contactos y seguir instruyéndote.

- Películas: Una buena película, como las de Woody Allen, por ejemplo, te darán una visión diferente del mundo, te ayudarán a relajarte sin tener que recurrir a ningún mal vicio y además será un maravilloso tema de conversación para romper el hielo en tus citas.

- Viajar: Un vicio maravilloso, conocer el mundo es la ambición más hermosa de todas. Supera a cualquier droga la sensación de estar en un lugar totalmente nuevo.

- Pasear: Un buen paseo para despejar tu mente y mantenerte alejado/a del lugar donde los vicios se llevan a cabo es perfecto, elige un lugar diferente o crea una rutina donde puedas además conversar con alguien y así mantenerte distraído/a.

- Música: Hoy en día el aburrimiento parece no existir gracias a internet, pero yo lo veo de otra manera y es que internet nos ha quitado el privilegio de sentarnos simplemente y escuchar música, no hacer nada más que dejarnos llevar por una dulce melodía.

Con este listado tu camino hacia una vida mágica será positivo y hermoso, sin vicios todo será un disfrute.

Cuestionario: Vicios negativos y positivos

1. Haz una lista de tus vicios negativos actuales y cómo te sientes cuando los llevas a cabo:

   ____

   ____

   ____

2. Haz una lista de tus vicios positivos actuales y como te hacen sentir:

   ____

   ____

   ____

3. Ahora sustituye los negativos por positivos y describe cómo vas a convertirlos hasta que sean parte de tu día a día:

   ____

   ____

   ____

4. Imagina que has conseguido tu vida mágica, pero no has eliminado tus vicios negativos, ¿qué crees que sucedería?:

   ____

   ____

   ____

Este punto de venta se resume con las siguientes frases:

"Ser vendedor no significa ser totalmente inmunda a los vicios."

"Hay dos tipos de vicios, los negativos y los positivos."

"Todo vendedor debe conocer cuáles son los vicios malos y los buenos."

"Una persona con una vida mágica debe ser alguien sano por el camino y cuando llegue a este."

"Debes tener la mente siempre despejada."

"El amor y el sexo son un gran empuje."

"Lo mejor es estar al día de las noticias positivas."

"Lo que comes influye en la energía con la que vayas a hacer tus citas."

"Evita el cotilleo."

"Debes mostrar que el dinero se gana emprendiendo, no con la suerte." "Utiliza internet solo para trabajar."

"Si no los eliminas ahora, cuando estés rodeado de personas exitosas y tengas todo aquello con lo que soñaste, estos vicios podrían llegar a duplicarse."

"Centrándote en los vicios buenos, ya que es más efectivo sustituir lo malo por lo bueno, que luchar contra ellos."

"Busca maneras en las que sustituir la coma rápida."

"Un vacío no lo llena otra persona, primero debes hacerlo tú mismo/a para luego encontrar a la persona adecuada."

"La lectura es el mejor vicio que puede tener un vendedor, te ayudará a expandir su vocabulario y además mantener una mente positiva."

"Te aconsejo que te unas a un club del libro, de cocina o tal vez de golf."

"Una buena película, como las de Woody Allen, por ejemplo, te darán una visión diferente del mundo."

"Conocer el mundo es la ambición más hermosa de todas."

"Elige un lugar diferente o crea una rutina donde puedas además conversar con alguien y así mantenerte distraído/a."

"Sentarnos simplemente y escuchar música."

-TIPS-

Para ser el mejor Vendedor del Mundo

Llega la recta final. Tras aprender los principios básicos para convertirte en el vendedor que siempre soñaste ser, llegar a comprender la utilidad de las herramientas del Siglo XXI, asegurándote así ventas online, consiguiendo la perfección con la que todo vendedor sueña y ser una persona positiva las 24h, llega el momento de los TIPS. Esas pinceladas que añadirán a tu estrategia y estilo de venta una perfección sublime, haciéndote imparable y con la vida mágica rozando la punta de tus dedos. Así que sigue con la mente despejada y prepárate para las últimas lecciones, ejercicios y frases de este libro.

45

TIPS para cuidar a tus clientes

¡Ahora y durante tu vida mágica!

Hay una escena en la película El Informador, que debería cautivar a todo gran vendedor y es el momento en que el protagonista recibe a los clientes de su casino ilegal. Primero les pregunta si quieren beber algo y manda a su empleado a por sándwiches y cervezas para los futuros clientes. **Este pequeño detalle es muy importante, ya que consigue que los clientes se sientan relajados y además no querrán irse hasta que llegue la prometida invitación.**

Un vendedor por lo tanto debe cuidar a sus clientes y por ello he creado los siguientes TIPS para que puedas aplicarlos en tu negocio:

- Ofrece siempre algo de beber a tus clientes.

- Invita siempre tú en la primera cita, a partir de la segunda ve turnándote.

- Cómprales un libro relacionado con su pasión.

- Regálales entradas para partidos o conciertos e incluye entradas para ti también.

- En las fiestas incluye siempre un regalo para tu cliente.

- Sorpréndeles haciendo el seguimiento en un nuevo restaurante.

- Celebra un año de fidelidad con un fin de semana para tú familia y la suya.

- Envíale una canasta de comida gourmet con una tarjeta de agradecimiento.

- Juega con tu cliente al ajedrez u otro juego intelectual cada "x" tiempo.

- Compartir la pasión de un deporte y jugad antes de cada cita.

- Llévale su helado favorito o snack para que sienta cuanto le conoces.

- Invita a su familia a ir a un parque de atracciones con la tuya.

- Comparte una botella de vino de la mejor casa.

- Menciona al cliente leal en la web.

- Haz un video agradeciendo al cliente su confianza.

- Regálale un cheque regalo en cualquier tienda online como agradecimiento.

- Ofrece envío sin costos como regalo.

- Tras el primer año asigna a una persona para el soporte personal del cliente.

- Menciona al cliente en las redes sociales.

- Organiza una fiesta para tu cliente celebrando los años que lleva confiando en ti.

- Envía una postal con un cupón de descuento.

- Si tiene mascotas, tenlas en cuenta también.

- Envía juguetes a los hijos, joyas a sus mujeres y corbatas a los maridos.

Como puedes ver, **estos detalles son una inversión importante en tu negocio. Por ello es importante que obsequies a los clientes de Largo Plazo con los regalos que más inversión suponen, ya que estos realizan compras regularmente y los más económicos y gratuitos a los clientes de Corto Plazo.**

Estos detalles suponen un doble beneficio:

- **Primer Beneficio:** Tus clientes se van a sentir apreciados. **Crearan un lazo amistoso contigo ya que compartiréis aficiones, fiestas y momentos que ningún otro vendedor de la competencia podrá romper jamás.** Un cliente satisfecho al 100% sabe que no encontrará a ningún otro vendedor que tenga tales detalles y que le conozca tan bien.

- **Segundo Beneficio**: Con tales detalles puedes convertir a los vendedores de corto plazo en largo plazo. Las compañías de aviación utilizan muchísimo esta técnica al poner a los clientes VIP al lado de los clientes corrientes, los segundos ven como los privilegiados pasan más rápido, son atendidos con más cortesía e incluso las azafatas saben sus nombres. **Por lo que, si un cliente ve que haces regalos a alguien que lleva más tiempo contigo, deseará ser también ese cliente con privilegios.**

Ahora es el momento de que sepas cual sería el regalo perfecto de tu cliente. Lo mejor es que imprimas la siguiente tabla por cada nuevo cliente que unas a tu cartera y la rellenes de forma personalizada.

Nombre del Cliente	
Corto o Largo Plazo	
Fecha de Nacimiento	
Religión	
Fiestas importantes	
Nombre de la pareja	
Nombre de los Hijos	
Mascota	
Comida Favorita	
Deporte Favorito	
Actividad favorita	
Temática de libro preferida	

Tipo de Música que escucha	
Países preferidos	

Es importante que tengas toda esta información para realizar regalos, pues imagínate que tu cliente es judío, hacerle un regalo el día de Navidad seria ofensivo y menos detallista, pero si apuntas su religión y la fiesta de Hanukkah, **el cliente sentirá como le respetas y tienes en cuenta todos los detalles.**

46

TIPS para detectar si un cliente se va

¡En tu camino hacía la vida mágica!

Ocurre en muchas ocasiones que los clientes deciden que ya no desean consumir más tu producto o que no se encuentra tan entusiasmado con los beneficios tras un tiempo. Para poder evitar que esto suceda es primordial saber detectar las señales de un cliente emite antes de irse. Consiguiendo así estar preparado/a para la despedida y evitarla.

Así que ¿cuáles son esas señales? Con los siguientes TIPS lo sabrás:

- **Buscan demasiados "no": Cuando un cliente comienza a pedir favores al vendedor, demasiados descuentos y cambios de cita,** es porque busca una manera de sentirse negativo/a con el vendedor.

- *Evitar la marcha del cliente en este caso*: Busca soluciones para complacer lo que solicita siempre y cuando sea posible, en caso contrario **explica al cliente por qué razón no puedes llevar a cabo la petición y ofrécele una opción diferente** que pueda complacerle.

- **Apenas contestan a tus llamadas o mensajes**: Si tras enviar mensajes y hacer llamadas a tu cliente, no recibes respuesta, es por que intenta evitarte. En el Siglo XXI el humano ha tomado la capacidad de romper una relación ignorando a la otra persona, por ello es algo frecuente hoy
- en día.

    Evitar la marcha del cliente en este caso: Acude a algunos de los sitios a los que sabes que suelen frecuentar, **mira en sus redes sociales a que eventos van a acudir próximamente y preséntate de forma casual, así tendréis oportunidad de**

hablar. Pero en ningún caso muestres lo ofendido/a que te sientes al no haber recibido respuesta, ni lo menciones, solo habla como si todo fuera normal.

- **Retrasan las citas:** Los que retrasan las citas de seguimiento o para renovar un producto, simplemente ya no creen tan importante verte con frecuencia.

Evitar la marcha del cliente en este caso: Pregunta al cliente si desea que **le hagas el seguimiento de manera online y así no le ocupe demasiado tiempo**, lo más probable es que te contesté afirmativamente y además se sienta aliviado/a al ver que no eres un vendedor opresivo.

- **Te preguntan dudas acerca del producto**: Si un cliente, tras usar el producto en un tiempo suficiente para conocer los beneficios de producto, comienza a surgirle dudas es porque ya no le emociona tanto los resultados o simplemente ya no son tan constantes como antes.

Evitar la marcha del cliente en este caso: La mejor solución es **reunir a tu cliente con otros clientes nuevos para que así saboreé lo que sentía al inicio de comenzar el producto**. También puedes incitarle a que te recomiende a otras personas a las que les beneficiaría el producto, de esa manera sentirá una nueva emoción con el mismo.

- **Desvaloran tu dedicación:** Cuando acudes a una cita o regalas algo a un cliente por su lealtad, pero este **no muestra entusiasmo alguno,** es porque el cliente ya no necesita este tipo de incentivos o porque simplemente ya no quiere seguir con el producto.

Evitar la marcha del cliente en este caso: Prueba a no hacerle regalos y a no llamarle con tanta constancia. Luego la próxima vez que le veas, **muéstrale lo que le regalaste a uno de tus clientes, si muestran celos, acaban de extrañar la dedicación que le otorgabas desde el inicio.**

- **Desconfianza del producto: Esto suele suceder cuando un cliente encuentra en internet información falsa del producto,** creándole no solo una gran desconfianza, sino temor, sobre todo si se trata de un producto de inversiones online o de nutrición. El mayor miedo que tiene un cliente es el de ser estafado por un vendedor.

Evitar la marcha del cliente en este caso: Al igual que el cliente busca información de tu producto, hazlo tú también, ya que puedes encontrar la razón por la está últimamente desconfiado. **Busca además información oficial que garantice los beneficios del producto y envía nuevos artículos y videos a tu cliente para que se sienta seguro.**

- **Cambio en los Ingresos**: Si cuando conocemos a un cliente con sus ingresos perfectos para permitirse nuestro producto, no significa que siempre sea así, por ello si **ves que evita el pago observa si su estilo de vida ha cambiado**, si ha tenido que vender alguna pertenencia o si trabaja más de lo que disfruta.

Evitar la marcha del cliente en este caso: Pregunta a tu cliente sobre su situación económica, **ponte en su lugar y crea un plan de pagos a plazos para que pueda seguir beneficiándose de tu producto.**

- **Se queja del precio o de la calidad del producto**: En el momento en que un cliente **comienza a quejarse de que el producto es demasiado caro o de que esperaba más beneficios al usarlo,** es porque ha recibido una oferta mejor de un producto de la competencia.

Evitar la marcha del cliente en este caso: Estos clientes están buscando una razón por la que seguir contigo o irse con la competencia, por ello te muestran sus dudas. **Así que ofréceles una oferta especial si llevan el suficiente tiempo contigo o enséñale alguno de tus otros productos**, mostrando así la gama única que contiene la empresa que representas.

- **Se burla de ti:** Si **comienza a burlarse de tus historias u ocio,** es porque no se siente realmente satisfecho y desea ofenderte para que le dejes ir. Estos clientes solo buscan saber cuán importante son para ti.

Evitar la marcha del cliente en este caso: La mejor manera de resolver las burlas es **expresar la ofensa que te causan y preguntar si está insatisfecho/a con tus servicios.** Así el cliente verá que estás dispuesto/ a a abordar el tema y resolverlo.

El vendedor no es la única razón

- **Si un cliente se va no significa que la responsabilidad sea 100% tuya,** es importante que conozcas las responsabilidades que tu empresa debe cumplir, las cuales si no son excelentes se convertirá en una de las razones por la que tu cliente se ha ido.

- **Un Excelente Producto**: Es el deber de tu empresa **ofrecer el mejor producto del mercado y proporcionar la información suficiente** para mostrar a tus clientes todos los beneficios que se pueden adquirir al comprar el producto.

  Tú cometido **como vendedor que desea una vida mágica es conocer todos los detalles del producto**, saber lo que dicen las etiquetas, los resultados de los clientes y cuáles son las dudas que suelen surgir a los consumidores.

- **Un Excelente Soporte:** Si un cliente pregunta con total confianza a la empresa sobre el producto, pero este no recibe respuesta, **el cliente sentirá que no es una organización sería, por lo que dejará de consumir el producto al ver que sus preguntas no son contestadas.**

  Para evitar que pase algo así, **informa a tu cliente que tú eres la persona adecuada para responder sus dudas de inmediato y así no tenga que esperar**. Aun así, infórmate de la velocidad con la que el soporte de tu empresa responde, incluso envía varias preguntas que pueden surgirle a tus clientes para así tenerlas listas por si surge alguna.

- **Un Precio Competitivo**: El precio puede ser una razón por la que un cliente decida irse, ya que **puede ser o demasiado elevado comparado con otros o demasiado bajo ante tantos beneficios**. Ambas cosas pueden hacer a tu cliente desconfiar.

Por ello juega con tu margen de beneficios y haz ofertas o incrementa el precio si es posible. También **puedes incluir productos electrónicos como libros, audio o documentos creados por tu equipo de Marketing e incluirlos en el precio**, así el valor aumentará.

Como has podido ver, todo tiene solución en el mundo de las ventas, solo tienes que mantener la calma cuando veas alguna de las señales mencionadas arriba y llevar a cabo la acción correspondiente en cada caso. Sin olvidarte de la importancia de tener conocimiento de si la empresa a la que representas cumple con los pilares básicos del éxito.

47

TIPS Cuando tú eres el producto

¡Y quieres ser excelente!

Me ha sucedido que muchos alumnos de mis seminarios me han comentado lo siguiente: "Jose, ¿cómo vendo si el producto soy yo?"

Si este es tu caso también, donde tú tienes total control sobre el producto ya que se trata de ti como conferencista, escritor, músico, influencer, pintor, profesor o motivador. Te aseguro que todos los pasos que has visto hasta ahora, se aplican también a ti como producto. Aun así, he querido añadir algunos TIPS extra para ayudarte a venderte mejor como producto.

- **Ofrece algo diferente**: sé todo un personaje, crea una personalidad que hagan que quieran contratarte.

- **Destaca en varios sectores**: si eres conferencista, por ejemplo, escribe libros y haz videos sobre tus
- reflexiones.

- **Ten productos gratis y productos de pago**: ofrece a tus clientes pequeñas gotas de ti gratuitas para que adquieran lo que de verdad querías venderles.

- **Utiliza las Redes Sociales**: son el mejor canal para el soporte y que las personas te conozcan.

- **Conviértete en una recomendación**: El éxito de venderte como producto está en ser alguien que todo el mundo desea compartir.

- **Delega el trabajo**: Al no contar con una empresa que cree un producto, necesitarás que alguien lleve a cabo las tareas como soporte, publicaciones.

- Sigue las tendencias: Tus clientes deben verte en movimiento constante.
- **Comparte tu estilo de vida**: Si tienes una buen lifestyle significa que tienes éxito en tu negocio por lo que los clientes están satisfechos, esto dará confianza a los próximos clientes.

- **Enfócate en tus productos**: Crea un producto y ponte un objetivo de ventas, cuando lo alcances crea el siguiente.

- **Asume la responsabilidad**: Tanto el éxito como el fracaso dependen de ti, así que cada paso que des piensa en cómo va a repercutir en tu imagen.

- **Ten confianza**: Cuando nos critican el beneficio del producto cuando el mismo eres tú, las críticas son más dolorosas, por lo que es necesario que tengas una gran confianza en ti mismo/a.

- **Crea una moda:** Inventa un término o un reto para que tus clientes te conozcan como la persona que hizo tal cosa y así la venta de tu producto sea más efectiva.

- **Colabora**: Busca a más personas en el sector al que estás enfocado como tú, que también sean el producto, colabora con ellos, compartid comisiones y así llegarás a su público también.

- **Consigue publicidad**: Al ser el producto es tu deber conseguir publicidad, por lo que contacta con marcas o empresas para que recomiendes sus productos y así aparezcas en más lugares.

Al ser el producto debes ser consciente de la calidad de lo que ofreces. Lo mejor es que te fijes en aquellas personas a las que deseas parecerte y que ya tienen éxito, sigue sus pasos, **observa el método de venta y crea tu propio sistema para conseguir que el mundo desee tus servicios.**

Ahora bien, si deseas ser el producto y aún no sabes que vas a vender a pesar de tener todas estas maravillosas herramientas para dejar atrás tu vida trágica y obtener por fin la vida mágica que tanto deseas, he creado una tabla que te ayudará a definir tu producto o servicios:

¿En qué destacas?
¿Qué clase de productos o servicios te gustaría recomendar?
¿Sobre qué te gustaría hablar en tus Redes Sociales?
¿Cómo te gustaría que te vieran los demás?
¿Qué compartirías con los demás?
¿Qué clase de producto gratis te gustaría crear?
¿Qué clase de producto de pago te gustaría ofrecer?
¿Tienes el compromiso suficiente para ser 100% responsable del producto y de la venta?
Nombra a personas o marcas que te gustaría que te recomendarán.
Escribe que vas a ofrecer tras haber finalizado este formulario.

Una vez que sabes cuál es tu producto, solo es necesario continuar.

48

TIPS Para encontrar a tus mentores

¡Y aprender lo mejor de ellos!

Todo el mundo opina hoy. Leen un artículo en internet o ven un video y creen tener el conocimiento suficiente para aconsejarte acerca de las ventas. Actualmente vivimos en una era en que nuestros círculos creen tener el conocimiento para aconsejarnos acerca de las ventas.

Hace poco me pasó una anécdota relacionada con este tema con un cliente. Este decidió un día usar una nueva plataforma de inversiones porque su esposa había estado por internet y le había salido un anuncio de un sitio web donde podían invertir. Miré la web y ve que claramente era una estafa, se lo comenté a mi cliente, el cual dijo que su esposa insistía y por lo tanto iban a invertir. Ya no podía hacer anda más por mi cliente, así que deje de insistir. Un mes después me contactó para decirme que yo tenía razón sobre la empresa.

¿Por qué mi cliente tomó tal decisión a pesar de mis palabras? Por qué se estaba aconsejando por la persona menos indicada, alguien inexperto en finanzas, que en este caso era su esposa.

Y esto puede sucederte también a ti como vendedor. Puede que ya te esté sucediendo de hecho, que amigos, familiares, cursos, herramientas online, artículos que lees y personas de tu entorno te estén aconsejando acerca de la forma en que deberías vender. Por ello es tan importante que identifiques a los mentores, a aquellas personas que si debes escuchar. ¿Cómo identificar a tus mentores? Con los siguientes TIPS:

- Se dedica a lo mismo que tú y tiene más éxito.
- Sus ingresos son más altos que los tuyos.

- Tienen una experiencia que se basa en habilidad no en años.
- Te aconseja cosas positivas, no solo la manera de "no hacer las cosas".
- No critican a otras personas por tener más éxito.
- Utilizan ejemplos de personas que han seguido su consejo.
- Muestran números, no solo palabras.
- No es alguien de tu competencia, más bien se beneficia de tu éxito.
- Lleva a la acción lo que aconseja.
- Tiene sus finanzas cubiertas.
- En ningún caso presume de lo que no tiene.
- Recibes un trato adulto por su parte, no de alumno.
- Te recibe con gran humildad, nunca con ego.
- Cuando habla sientes que desea compartir, no presumir.
- Te habla de sus "tiempos difíciles" como un gran aprendizaje.
- Nunca culpa a otros por su fracaso.
- No utiliza un tono de enfado cuando intenta que comprendas algo.
- Respeta tus decisiones.
- Jamás le oirás decir un "te lo advertí".
- Te aporta en tu proceso cultural.
- Respeta tu espacio personal.
- Te recomienda clientes para que arranques con mayor facilidad.
- No tiene ninguna clase de mal vicio.
- Tiene una relación sana con su familia.
- Sabe mantener a las personas negativas lejos.
- Es cliente tuyo ya que confía en ti y tu producto.
- Te contacta para hablar de la vida en sí, no solo de negocios.
- Nunca se ríe de tus ideas, las respeta y las escucha con atención.
- No habla de las noticias, ni ninguna clase de acontecimientos negativos.
- Sigue siendo una persona de negocio incluso en su tiempo libre.

- Le has visto tomar acción y hacer clientes de forma de forma maestra.
- Está actualizada en cuanto a las redes sociales.
- Es elegante en todos los factores de su vida.

Con estos TIPS podrás saber si esa persona es adecuada para darte consejos. Así que si una persona que no cumple con más de la mitad de esta lista, mejor no sigas su consejo.

Para que te sea más fácil encontrar a tu mentor, he creado el siguiente ejercicio donde tendrás que visualizarlo y preparar las preguntas que te gustaría que resolviera durante vuestros encuentros.

Ejercicio: Visualiza a tu mentor

1. Describe como te gustaría que fuera físicamente, género y edad:

____

____

____

____

5. ¿Cuánto dinero debería ganar tu mentor para darte consejos?:

____

____

____

6. ¿A que debería dedicarse para darte consejos?:

____

____

____

4. ¿Qué estilo de vida debería tener para ser tu mentor? ¿Coche? ¿Cómo sería la casa? ¿Estaría casado/a, soltero/a…? ¿Con hijos? ¿Con una mascota? Descríbele como si estuviera frente a ti:

____

____

____

5. ¿Cuánto tiempo debería llevar en su negocio?:

____

____

____

6.   ¿Qué clase de ocio te gustaría que tuviera tu mentor?:

____

____

____

7.   Escribe las preguntas que te gustaría que te resolviera:

____

____

____

Al realizar el ejercicio, tu mentor quedará grabado en tu mente y lo encontrarás en tu camino hacía una vida mágica.

Sé el mejor alumno

Es tan importante tener un gran mentor como ser un alumno formidable, por ello prepárate para ser el mejor alumno de todos ya que la mayoría de los mentores están el tiempo necesario en la vida del alumno y suelen irse cuando todas las lecciones han sido dichas.

Ahora bien, **¿cómo se es un buen alumno?** Con los siguientes puntos te aseguraras de estar aprendiendo y absorbiendo la información de tu mentor:

- Tomate cada momento como una clase.
- Observa sus acciones y palabras y apuntalas si puedes.
- Graba las conversaciones más primordiales.
- Respeta y escucha siempre su opinión.
- No te enfrentes o perderás a tu mentor.
- No te enfades si tu mentor te baja de las nubes.
- Desarrolla preguntas que te surjan a lo largo del día para preguntarlas a tu mentor.
- Invita a tu vida personal a tu mentor para que tu familia entienda porque sigues sus consejos.
- Pregunta el "por qué" siempre, así te asegurarás de haber encontrado al mentor adecuado.
- Acepta el momento en que tu mentor deja de estar en tu vida.

Con estos TIPS solo te queda encontrar al mentor que te dará un impulso hacía la vida de tus sueños.

El Comienzo- De tu vida Mágica

¡Wao! Ya casi estamos en la recta final del libro, lo cual significa que ya eres parte de ese 10% que logra terminar un libro de ventas. La mayoría de las personas que no tienen éxito, es decir el otro 90% restante, no se basa solo en su actitud, acciones o resultados, sino en si logra acabar el manual de instrucciones, que en este caso es este libro. Muchos vendedores suelen mirar por encima los libros que hablan de técnicas de venta y asienten con la cabeza confirmándose a ellos mismos que eso ya lo sabían. Pero lo que no saben esos vendedores es que las claves están en los rincones de los libros, en las frases más simples y en la realización de ejercicios.

Por ello es tan importante que te felicites a ti mismo. Que te hagas una foto sosteniendo el libro en esta página y escribas lo emocionado/a que estás al llegar a este punto. Me encantará ver la imagen, así que etiquétame en mis redes sociales para que pueda felicitarte personalmente, ya que siempre se debe tener al 10% de personas que van hacia una vida mágica en la agenda.

¡Adelante hazte la foto y compártemela!

    Facebook: @byjosegordo
    Twitter: @byjosegordo
    Instagram: @josegordo.eu

Ahora continuemos, en la siguiente sección voy a mostrarte los puntos finales. La mayoría de los libros acaban con un "sigue tus sueños" o un "cumple todo lo explicado aquí y te irá bien", pero yo quiero que termines este libro con las ultimas enseñanzas y objetivos que cumplir, que consigan que este no sea solo un buen libro que leíste, quiero que sea el libro que te cambió la vida, aquel que recomiendes a aquellos que te vean salir de tu hermosa casa o de tu flamante vehículo y que al preguntarte: *"¿cómo has conseguido tener una vida mágica?"* Tu respuesta sea: *"leí el libro adecuado"*.

49

EXTRA: La garantía del Vendedor

¡Infalible!

Lo que más le importa a un vendedor es la seguridad de su bolsillo, ya que ello implica su estilo de vida, su seguridad económica y su futuro. En cambio, un cliente desea una garantía que asegure lo que sale de su bolsillo. Me han llegado a decir muchos vendedores que la garantía nunca beneficia al vendedor ya que, si el cliente no está contento con el producto, el vendedor perderá su comisión. Esta creencia nace del desconocimiento, para empezar un vendedor debe comprender por qué un cliente desea una garantía.

El cliente y la garantía

Todos tenemos miedo a que nos estafen, así de simple. Cuando un cliente va a comprar algo nuevo y que nunca ha utilizado o a través de un método de pago innovador, estos tendrán una vocecita en sus cabezas que se preguntarán si todo aquello es una trampa. Por ello el vendedor debe ser consciente de que el cliente puede pensar algo así, aunque su empresa y producto sean totalmente íntegros.

Una vez que entiendes esto tratarás al cliente con mayor compresión y este sentirá como estás siendo sincero y que no hay nada por lo que temer.

Ahora bien, todo gran vendedor debe de saber qué tipos de garantía existen y adaptarlas a su estilo como vendedor. Una de las cosas a tener en cuenta es que un cliente suele pensar, cuando tiene a un vendedor delante, es lo siguiente: "cobrara su comisión y desaparecerá". Por ello la mejor garantía que puedes obsequiarle al cliente es la del Seguimiento, ya hemos hablado de su importancia en los capítulos anteriores, pero ofrecerla como garantía es toda una estrategia.

La Garantía del Seguimiento

Para ofrecer este tipo de garantía puedes añadirla al precio. **Especifica cuantos días a la semana serían de seguimiento.** Una gran técnica es la de apuntar las citas de seguimiento en la agenda frente al cliente, así te asegurarás de que también lo haga él y además le estarás ofreciendo una fecha de la próxima vez que os veréis, quitándole el temor del inicio, el que desaparecieras una vez realizada la venta. De esta manera estarás ofreciendo la mejor calidad de servicio y creando un cliente a largo plazo.

La Garantía del Contacto

En pleno Siglo XXI es más fácil estar en contacto, por lo que convertir esto en una garantía es toda una maestría. **Compártele a tu cliente las redes sociales en las que puede localizarte, tu contacto de mensajería instantánea e incluso haz un grupo de Facebook**, si lo deseas, para tus clientes donde estés tú y los clientes a largo plazo. Puedes incluso hacer conferencias online hablando del producto, invitando a clientes satisfechos a los fundadores de la empresa o expertos de tu sector, así tus clientes sentirán que podrán verte de forma online también. De esta manera les estarás garantizado un contacto constante.

La Garantía de la Entrega

Para mí una de las garantías que los vendedores de productos físicos pueden utilizar con los clientes que necesiten una garantía extra. La Garantía de Entrega consiste en entregar al cliente el producto, ya que esto le proporcionará la seguridad de que en caso de que el producto no sea lo esperado, el vendedor estará a su lado en el momento en que abra el paquete. Esto también es una garantía para el vendedor ya que podrá verificar que el producto viene en las condiciones adecuadas y así tener un total conocimiento de la logística de la empresa.

La Garantía de Tutoriales

Este tipo de garantía es perfecto para los vendedores de productos online. Hay veces en que la empresa cuenta con tutoriales demasiado básicos o que no están traducidos. Como vendedor puedes crear videos tutoriales que el cliente obtendrá una vez adquiera el producto o servicio. Incluirlo en tu página de venta es perfecto ya que añadirá valor y confianza en la toma de decisión.

La Garantía de Recomendaciones

Muy utilizada por los vendedores que venden seguridad, instalaciones u otros productos que a veces necesitan de un experto para instalar el producto. Ya que el cliente ha confiado en el vendedor, también lo hará cuando este le recomiende un instalador o un profesional de otro sector. Si ofreces este tipo de garantía, llega a un acuerdo con el experto que recomiendas y gana una comisión por tus recomendaciones.

La Garantía de Diversión

Muy utilizado por los vendedores de viajes. La garantía de diversión es usada por vendedores excelentes que saben cómo obsequiar con más valor a sus clientes. Por ello los vendedores que ofrecen la garantía de Recomendaciones preparan guías en formato de libros o videos para que sus clientes sepan dónde ir a comer, que ver en una ciudad, que actividades hacer en un crucero, que monumentos visitar…los clientes desean que al viajar el vendedor se ocupe de que se diviertan.

La Garantía del Sistema

Este tipo de garantía es bastante utilizado en el mundo del Multinivel, donde los vendedores-distribuidores crean Sistemas independientes para facilitar a sus vendedores afiliados el reclutamiento de nuevos clientes y distribuidores. Algunos de los mejores vendedores de productos multinivel han llegado a lo más alto de sus compañías gracias a sistemas automáticos que educan tanto al distribuidor como al cliente.

La Garantía de 24h tras la compra

El momento crucial de un cliente son las primeras 24h tras la primera prueba del producto, por ello es importante que estés disponible el día en que recibe el producto y se lo hagas saber. Puedes hacer pegatinas que

poner sobre el producto o iconos en tu web para hablar de la garantía 24h, como estarás **totalmente pendiente a recibir una llamada o mensaje de las primeras horas de prueba del cliente**. Esto le otorgará la seguridad de que no estará solo en el momento más importante de la compra.

Con estas garantías serás un vendedor imparable. Los clientes hablarán de ti a sus conocidos no solo por el producto tan maravilloso que ofreces, sino también por la garantía y calidad de tu servicio.

50
Sistema para tu vida Mágica

¡Comienza mañana mismo!

A lo largo del libro he ido aportándote varias directrices para organizar tu día a día como vendedor y las cuales hacer hueco en tu agenda. Si has ido apuntando tal y como te indiqué en tu agenda o calendario online te habrás dado cuenta como se ha formado un sistema que cubre tu día a día para que estés solamente concentrado en ti, las ventas y en seguir desarrollándote como persona.

En este punto vamos a ver cómo quedaría la agenda de un vendedor que está trabajando duro para tener una vida mágica.

7:00 a.m. Comienza el día nutriendo con una bebida natural. Di tus afirmaciones:

-Soy el mejor vendedor del mundo.
-Cada persona que me conoce desea saber que puedo venderle.
-Las mejores compañías desean que sea su vendedor.
-Soy un vendedor estrella.
-Y estoy en este mundo para ganar dinero vendiendo, pues tengo la habilidad para hacerlo.

Palabras que utilizarás en tu vocabulario a lo largo del día.

7:10 Date una ducha relajante.

7:30 Desayuna mientras escuchas música.

8:00 Organiza tu Agenda y escribe que te gustaría hacer hoy para ser más feliz.

9:00-12:00 Citas para cerrar ventas físicas.

311

12:00-13:00 Espacio para los clientes de última hora.
13:00-15:00 Almuerzo en el sitio nuevo o con la familia.

15:00-17:00 Ocio.

17:00-19:00 Seguimiento de Clientes

19:00-19:15 Informarse de las Redes Sociales.

19:15-19:45 Contestar comentarios.

19:45-21:45 Cerrar ventas online.

21:45-23:00 Cena familiar

00:00 Repaso del día y apuntes sobre mejoras que aplicar al día siguiente. Lectura para mejorar vocabulario. Antes de acostarte sonriente a ti mismo/a en el espejo. Vete a dormir pensando en que las personas más rics del mundo descansan de entre 3-5h.

En tu agenda siempre debes tener:

• Apuntadas a aquellas personas que te gustaría hacerles clientes y dividirlas en los cuatro tipos: Cliente Pitbull, Cliente de acero, Cliente sin control y Cliente mirón.

• Reservar 1 hora a la semana: Solo aquellos que desean mantener un blog y hablar sobre sus productos, su misión e incluso de la vida mágica que desean.

• 1 vez a la semana recordatorio para recomendar los productos que utilizas a tus contactos.

• Sobre tu agenda dibuja una línea negra cada vez que digas frases, palabras y expresiones negativas.

Así debe de estar organizada tu Agenda si de verdad deseas alcanzar una vida mágica. Como ves **todo está enfocado a ser mejor vendedor, cuidar tu círculo familiar positivo, cerrar ventas, buscar nuevos clientes, mantener tus redes sociales al día y disfrutar de la vida día a día.** Es importante que obsequies con tu tiempo de ocio, no me cansaré de repetirlo, ningún cliente o persona externa puede romper tu tiempo de ocio, porque esas horas de diversión son las que hacen que cada día sientas que te recompensas. Por lo que sigue tu agenda con el mayor compromiso.

51
Tus Objetivos Cumplidos

¡Exígete cumplir tus sueños!

Ya solo queda cumplir los objetivos. Para ello es importante saber cómo medirlos, ya que los objetivos no se definen solo por ganancia, sino por el placer que recibes al cumplirlo. Me ha pasado que muchos vendedores no se sentían realmente completos al adquirir un nuevo cliente o al dedicar sus dos horas del día al ocio. Y esto se debe a que no saben medir los objetivos.

¿Qué mides?

La satisfacción es aquello que debes tener más en cuenta a la hora de medir tus objetivos. Para ello he desarrollado las siguientes cuestiones que te harán darte cuenta de si comienzas a cumplir tus objetivos:

- ¿Te sientes motivado/a al "agendar" una cita con un cliente?

- ¿Sientes cómo te acercas a la vida mágica cada vez que cierras una venta?

- ¿Es cómodo para ti responder comentarios online?

- ¿Sueles llevar con pasión el seguimiento de tus clientes?

- ¿Te es fácil ser fiel a lo escrito en tu agenda?

- ¿Sientes cómo evitar palabras, frases y expresiones negativas te hacen mejor persona y vendedor?

- ¿Te es fácil ser positivo/a?

313

- ¿Eres lo suficiente duro/a contigo mismo/a cuando no consigues los resultados del día?

- ¿Tienes la habilidad de reconocer a los tipos de clientes?

- ¿Te entusiasma lo que aprendes de los clientes a corto plazo?

- ¿Es un placer para ti obtener clientes a largo plazo?

- ¿Esperas emocionado/a el momento del cierre?

- ¿Disfrutas de tu momento de ocio?

- ¿Te encargas de tener algo nuevo que disfrutar cada día?

- ¿Sientes que sabes qué tipo de vendedor eres?

- ¿Te es fácil contactar a la "madera falsa"?

- ¿Sientes una gran satisfacción al ver como hacen una buena reseña de tu producto?

- ¿Estás dispuesto a aprender de las críticas negativas y convertirlas en positiva?

- ¿Cuentas tu historia como un narrador apasionado?

- ¿Disfrutas al poder visualizar tus miedos y vencerlos?

- ¿Te encanta tomar el control de una venta?

- ¿Te gusta vestirte como un vendedor convincente?

- ¿Disfrutas de tu comportamiento como vendedor clásico?

- ¿Te entusiasma ir en primera clase con tiempo extra a cada cita?

- ¿Meditas del primer segundo y sientes la emoción antes de toparte con el cliente?

- ¿Sientes cada día que estás en la empresa correcta?

- ¿Te es fácil utilizar redes sociales solo para el negocio?

- ¿Te entusiasman tus herramientas online y las usas con pasión?

- ¿Pones tanta pasión en la venta online como en la física?

- ¿Eres consciente de que el bloqueo puede ser una opción si no haces bien tu trabajo?

- ¿Te es gratificante que te sigan en las Redes Sociales?

Al responder de forma positiva a estas preguntas sabrás si estás cumpliendo tus objetivos. Aquellas que aun tengan una respuesta negativa significan que son aquellas que necesitas pulir para poder cumplir tus objetivos. Lo mejor es que hagas este cuestionario cada 3 meses, así irás viendo el camino hacia tu vida mágica cada vez más claro.

Las preguntas están asociadas a los capitulo que has leído en este libro. Así que vuelve a leer aquellos puntos que están relacionados con la pregunta y busca donde estás fallando, resuelve, lleva a la acción y continua. Lo mejor es que enfoques en amar lo que haces, encontrar la manera de que todo se convierta en acciones positivas, ya que son las que te llevaran a la vida mágica que buscaste al abrir este libro.

52
El Agradecimiento del Vendedor

¡Agradece la vida que vas a tener!

Como lector apasionado, siempre me ha gustado la parte donde el escritor agradece a las personas que le han ayudado a crear el libro, a llevar la idea al papel. Pero como este es un libro diferente, creado para aquellas personas que realmente están en búsqueda de una vida no convencional y que adquieren un libro por que esperan que realmente les vaya a cambiar la vida, he decidido que este agradecimiento no es mío, sino tuyo. Tú eres la persona que debe estar agradecida al concluir este libro, eres tú quien debe agradecer. Y es que como dijo JFK: *"Siempre hay que encontrar el tiempo para agradecer a las personas que hacen una diferencia en nuestras vidas"*. Y este es el momento perfecto. Vas a agradecer por medio de un ejercicio que he creado para ti.

Sigue los siguientes pasos y comienza a sentir como el agradecimiento se está aliando con tus pasos para tener esa vida mágica que tanto deseas.

4. Escríbele una nota a la persona que te recomendó este libro, si eres tú mismo que así sea, y envíasela por email o el medio por el que os comuniquéis, agradeciéndole la recomendación:

5. Escríbele una nota de agradecimiento a tu pareja por haberte otorgado el tiempo para leer este libro y léesela en voz alta:

6. Enumera las cosas que agradeces haber aprendido en este libro:

7. Escríbeme una nota de agradecimiento por haber hecho realidad este libro y envíame un mensaje a alguna de mis redes sociales como agradecimiento:

8. Escríbete a ti mismo/a una nota donde te agradezcas el tiempo dedicado a leer el libro:

9. Escribe una nota de agradecimiento a tu actual "Vida trágica" y agradécele haber estado contigo hasta ahora, despídete de ella con cariño:

10. Ahora escríbele a tu "Vida Mágica", dale la bienvenida a tu hogar y agradécele lo mucho que aprecias que esté contigo y a la espera de que la alcances:

Agradece siempre, cuando no tienes y cuando tienes lo que deseas. Los buenos momentos son para agradecerlos y los malos son para agradecer las enseñanzas que nos aportan. Es crucial que seas agradecido en todo, agradece al cliente que se fue por que te enseñó muchísimo, al cliente nuevo por confiar en ti, a las palabras negativas porque te enseñaron como no ser usadas, a tu familia por estar contigo y agradece a la vida que tienes ahora, porque gracias a ella decidiste que era lo que no querías y te embarcaste en este libro para obtener de una vez por todas lo que si deseas. Una vida mágica, la cual comienza agradeciendo.

Ahora es mi turno.

Te doy las gracias a ti vendedor, por haber tomado este libro y decidir que mis palabras podían ser el camino que te llevaría a tener la vida de tus sueños. Agradezco ese voto de confianza, pero lo que más agradezco es tu constancia, tus respuestas, tus ejercicios, tus sentimientos y puede que hasta tus gritos de júbilo al haber encontrado el libro que te cambiará la vida. Te agradezco a ti vendedor que hayas encontrado quién eres en la industria de las ventas y quienes son tus clientes. Agradezco a ti vendedor que sigas tu agenda, que respetes tu horario, tu tiempo de ocio, familia y que cada día te despiertes con la mentalidad de un vendedor perfecto. Agradezco a ti vendedor que siempre estés positivo y mantengas a tu lado a personas que solo sacan lo mejor de ti.

Agradezco a ti vendedor la vida mágica que vas a tener.

Gracias,
Jose Gordo.

Mi turno de vender

¡Desde una vida mágica!

Vender es algo apasionante que toda persona debería aprender en su vida, sea o no su profesión, ya que si sabes vender tus ideales, tu pasión y tu manera de hacer las cosas, lograrás conseguir cualquier cosa. Y ahora me toca a mí venderte la idea de que continúes tu aprendizaje conmigo, que sigas al pie de la letra lo explicado en tu libro, vayas a por esa vida mágica que tanto deseas, sin olvidar la importancia de seguir aprendiendo. Y es que la vida es más hermosa cuando se aprenden nuevas estrategias, maneras de realizar ciertas acciones y perspectivas que cambian todo el paradigma.

¿Cómo seguir aprendiendo conmigo?
Leyendo mis otros libros si aún no lo hiciste. Aunque seas un vendedor de los pies a la cabeza, es necesario que expandas tus temas literarios. Por eso debes leer "Cenando con Millonarios", en el puedes adquirir la valentía suficiente para montar tu propio negocio, como empezar desde cero, con todo lo trágico e tu contra gracias a la historia de Sam, un joven de 19 años que desea emprender, pero no tiene ni idea de cómo empezar, hasta que se topa conmigo, la persona que le responderá con varias historias durante una cena digna de millonarios.

Ahora bien, para los padres y madres que desean una vida mágica, les recomiendo "Los 12 Regalos de papá". Ese debe ser el libro de cabecera que deben leer a sus hijos, en el cual se muestra desde la perspectiva de un niño como sus padres cruzan el camino de la vida trágica a la vida mágica. Si quieres que tus hijos entiendan lo que aportar, este es el libro perfecto para ellos.

Y ya para terminar, te vendo mi vida mágica. Si he escrito este libro es porque cada día me escriben personas que de verdad merecen una vida mágica, pero no saben cómo deshacerse de su tragedia. Este libro es para echar a un lado toda la parafernalia e ir directo a lo que me funciona a mí y a los mejores vendedores del mundo. Y que si pasas todo lo escrito a la acción conseguirás todo lo que sueñas.

¡Ahora comienza a caminar hacia tu vida mágica!

Comprueba si has marcado las Respuestas Correctas de los Cuestionarios:

Respuestas del Punto: La Habilidad supera a la Experiencia

1. ¿Qué es lo primero que debemos mostrar al vender?

2. b) Beneficios

3. ¿Cómo conectarte con tu ser vendedor?

4. b) Simplificando

5. ¿Cuál es la diferencia de un vendedor y un recomendador?

a) Obtener Ingresos

6. Respuestas del Punto: Tu vida es un Escaparate

7. ¿Qué valor tiene ser Vendedor?

a) Es el puente de la empresa

8. ¿Cómo encontrar tu valor como Vendedor?

a) Afirmaciones y Determinación

9. ¿Cuál es la Ley del Vendedor?

a) Afírmate para conseguir Determinación.

10. ¿Cómo ser un Vendedor Mágico?

a) Socializándote

11. ¿Cuántos tipos de círculos de clientes existen?

12. b) 4

13. ¿Cómo se consigue la perfección como vendedor?

a) Con el recuento

14. Respuestas del Punto: Sé un vendedor clásico

15. Define que es ser un vendedor clásico:

16. Es un vendedor enamorado del producto que representa, con una gran relación con el fundador de la empresa, que comprende la compañía, destaca por su siempre elegancia y es el reflejo de sus clientes.

17. ¿Crees que un vendedor…?

a) Nace

Respuestas del Punto: El Compromiso no es un Mito

18. ¿Cómo saber si se está realmente comprometido?

a) Por la agenda

19. ¿En cuál de los siguientes casos se debe ser un camaleón?

a) Cuando el cliente llega tarde

20. ¿Cuál de los siguientes casos se muestra pasión y no obsesión?

21. b) Al enviar invitaciones a probar cada nuevo producto

22. ¿Qué no hace nunca un vendedor comprometido?

23. b) Renovar sus sueños

24. ¿Cuándo es mejor tener vacaciones?

a) Soy libre, yo decido

25. Respuestas del Punto: Aprende a Predecir

26.   Escribe la definición correcta de Predecir:

27.   Predecir es saber qué tipo de cliente tienes delante y saber si comprará.

28.   ¿Qué cuatro tipos de clientes debes aprender a predecir?

29.   El cliente Pitbull, el cliente de acero, el cliente sin control y el cliente mirón.

30.   ¿Cómo se llama el cliente que debe consultar a otra persona? El cliente sin control

31.   ¿A qué cliente le gusta la garantía de 30 día? El cliente de acero

32.   ¿Cuál es el cliente que compra para presumir? El cliente Pitbull.

33.   ¿A qué cliente debemos retar? El cliente mirón.

34.   Respuestas del Punto: Cómo usa un vendedor internet

35.   2 . ¿Qué es más efectivo?

a)   Página Social

36.   ¿Qué tres características debe tener tu Agencia de Marketing? Motivación, conocimiento y actuales.

37.   Respuestas del Punto: Cómo usa un vendedor internet

38.   ¿Los carritos de compra online han sustituido al vendedor?:

39.   b) No

40.   Vender de forma online requiere más…

41.   b) Disciplina

42.   Lo primero que debes aprender para vender online es…

43.   b) A hablar

44.   ¿Para qué nos puede servir el perfil social de una persona?

a)   Para saber si le puede interesar nuestro producto

45.   ¿Puedes enviarle al posible cliente videos sobre tu producto?

a)   No

46.   Tras enviar los beneficios del producto, ¿cuánto tiempo debes esperar para comenzar el cierre de la venta?

a)   Después del gracias y 30 segundos más para que lea los beneficios

47.   ¿Es posible cobrar al instante de forma online?

48.   b) Sí

Respuestas del Punto: Identificar la "Madera Falsa"

49.   ¿En qué nos convertimos los vendedores en internet?:

a)   En espías y examinadores

50.   ¿Qué es un cliente de "Madera Falsa"?:

a)   Alguien que no muestra interés en nuestro producto

51.   ¿Cuál de estas acciones las realiza un cliente de "Madera Falsa"?

a)   Pide que le envíes la información por email

52.   ¿Qué se debe hacer con un cliente de "Madera Falsa"?

53.   b) Crearle sensación de pérdida

54.   ¿Se le debe hacer seguimiento a un cliente de "Madera Falsa"?

a)   Sí

Respuestas del Punto: La Lealtad del vendedor

55.　¿Es beneficioso observar las redes sociales de la competencia?:

56.　b) No

57.　¿Qué ocurre al cambiar la estrategia online?:

58.　b) Perdemos nuestra filosofía

59.　Escribe a que Ley del Vendedor pertenecen estas acciones: Enviar mensajes personalizados: Sexta Ley

60.　Leer blogs sobre gente de éxito: Séptima Ley Compartir estilo de vida: Primera Ley Compartir positividad: Tercera Ley

61.　Respetar la agenda: Octava Ley Pedir una reseña: Novena Ley

62.　¿Cuándo se debe pedir una Reseña?:

63.　b) Siempre que compre

64.　¿Qué hacer tras recibir una Reseña positiva?:

65.　b) Agradecer y compartir

66.　¿Qué hacer tras recibir una Reseña negativa?:

a)　Agradecer y resolver

67.　Respuestas del Punto: Compra lo que vendes

68.　¿Crees que tu producto es caro?:

69.　b) No

70.　¿Cuál de las siguientes respuestas es la correcta cuando un prospecto señala a tu producto de caro?:

71.　b) Tal vez no sea para ti

72.　Respuestas del Punto: Sé un "Vendedor de Arte"

73.　¿Qué significa ser un "Vendedor de Arte"?:

a) Que convierte un producto en algo VIP

74. ¿Cuál de las siguientes características convierte a un producto en lujo?:

75. b) Es limitado

76. ¿Cuál de la siguientes cualidad posee un "Vendedor de Arte" ?:

77. b) Transparente

78. ¿Qué se debe resaltar a la hora de vender un producto de lujo?

79. c) El deseo de tenerlo

80. ¿Cuál de las siguientes definiciones es para ti perfecta para un producto de lujo?:

81. c) Lo que está viendo es la facilidad personificada unido a la perfección absoluta

82. ¿Cuál de los siguientes lugares es perfecto para un cierre con un cliente de lujo?:

83. b) Un yate

84. ¿Cuál de los siguientes acontecimientos sociales es perfecto para hacer contactos de lujo?:

85. b) Un cumpleaños

86. ¿Cómo puedes conseguir personas con las que tu cliente se pueda comparar?:

87. b) Examinando sus redes sociales

88. ¿Qué debe tener el producto extra para combinarlo con el producto que deseas vender?:

89. c) Que se combine

Respuestas del Punto: La Confianza del Vendedor

11. ¿Cuál de las siguientes acciones se asocia a tener miedo al fracaso?: ***b) Esperar una respuesta negativa***

12. ¿Por qué un prospecto responde "Tal vez más adelante lo compre"?: ***c) Porque no comprendió los beneficios***

13. ¿Por qué un prospecto responde "No me interesa"?: ***b) Porque no se le hizo la pregunta correcta***

14. ¿Cómo se puede eliminar la frase "Tengo uno parecido"?:

a) ***Preguntándole antes del cierre de la cita***

90. ¿Cuál de las siguientes cosas nunca debes hacer para así evitar esforzarte en vano?:

a) Hablar nervioso y emocionado

91. ¿Qué debes hacer si no has cumplido tus objetivos?:

a) Exigirme más

92. ¿Cuál es la solución cuando te da vergüenza llevar cierto tipo de ropa?:

93. b) Buscar una solución que me haga sentir más cómodo/a

94. Vuelve a leer los puntos en los que has fallado o te has sentido inseguro/a a la hora de responder.

JOSE GORDO

DE UNA VIDA TRÁGICA A UNA VIDA MÁGICA

OTROS LIBROS DEL AUTOR

- Los 12 Regalos de Papá
- Cenando con Millonarios